Inhalt

Vorwort

Er wusste nicht, wie lange sie schon in diesem dunklen Riesenteich unterwegs waren.

Es war ja schon Nacht, als er mit hundert anderen Menschen dieses schaukelnde, feuchte Etwas betrat und so auf engstem Raum zusammengepfercht wurde. Man konnte kaum die Hand vor Augen sehen, alles fühlte sich an, als hätte man ein gigantisches Tuch über die Welt gelegt. Dafür waren die Gerüche umso intensiver wahrnehmbar: die Ausdünstungen so vieler Menschen in großer Angst, Urin, alles vermischte sich zu einem kaum auszuhaltenden Potpourri. Dazu ein Stimmen-Mischmasch, das Glucksen der Wellen, es war einlullend und einschüchternd zugleich.

Was würde ihn erwarten? Was würde auf ihn zukommen in diesem Europa, das so unendlich weit weg war von seiner geliebten Heimat, in der das Leben sich so schwer anfühlte und mit der er so viele wunderschöne und auch furchtbare Erinnerungen verband. Wie hunderte Male zuvor dachte er an Mara.

Seine Schwester, dieses zarte Geschöpf, starb mit vier Jahren an einem Virus. Seine Eltern konnten es nicht verhindern. Sie hatten sich schon auf den Weg gemacht zu diesem Krankenhaus, das sich 30 Kilometer entfernt von ihrem Dorf befand. Doch nach ein paar Kilometern Fußmarsch in der sengenden Sonne atmete Mara nicht mehr. Ihr Körper war zu schwach geworden. Es war ein Virus, der in Europa mit einer kleinen Spritze hätte neutralisiert werden können. Azul musste alles mit ansehen. Er konnte es nie verstehen, warum diese Welt so ungerecht war. Wie sehr er sie vermisste!

Eine Welle spülte über den Rand des Bootes, spritze ihn nass und riss ihn so aus seinen Gedanken. Ein kleines Licht und ein alter Kompass waren die einzigen Steuerelemente, die dem Mann am Außenborder den Weg wiesen. Azul und die hundert Anderen auf dem viel zu kleinen Boot hatten vor jeder kleinen Welle Angst, denn keiner von ihnen konnte schwimmen. Auch er konnte nicht schwimmen, da er nie die Gelegenheit dazu bekommen hatte. Es gab ganz einfach nicht so viel Wasser in Burundi. Das gefährliche Unterfangen der weiten Überfahrt, die oft einzige Chance auf Überleben, nahm seinen Anfang – und würde für Viele den Tod bedeuten.

Entscheidung

Nach dem Tod seiner Schwester lag die Trauer wie ein dunkles Tuch über Azuls Familie. Dazu kam noch die traurige Gewissheit: Die kleine Ackerfläche, die seiner Familie zur Verfügung stand, konnte die große Familie seit Monaten nicht mehr ernähren. Egal, was sein Vater versuchte anzubauen... es zerbröselte schon in den ersten Wochen. Schon seit Jahren regnete es nicht mehr ergiebig. In den letzten Monaten gar nicht mehr. Der Dorfbrunnen musste auf acht Meter Tiefe ausgehoben werden. Noch vor Jahren waren es vier. Der Brunnen gab nur noch die benötigte Menge für den Trinkwasserbedarf her. Die Lebensmittel der UNO fanden durch die Unruhen in Burundi kaum noch den Weg zu den Hungernden.

Sein Vater hatte sich vor einigen Wochen in die große Warteschlange vor einen den blauen LKWs gestellt und stundenlang auf die Rationen gewartet, die doch nicht genug sein würden auf Dauer. Sein Stolz und seine Würde waren schon lange gebrochen. Er wollte einfach nur, dass seine Familie nicht hungern musste.

Warum, so fragten sich seine Familienmitglieder, kommt kein Wasser mehr vom Himmel? Was war denn passiert?

Zwei oder dreimal im Jahr kamen Menschen auf LKWs in die kleinen Dörfer, um den Kindern das Lesen zu lehren. Azul war immer bei den Wissbegierigen dabei. Als er in diesem

Zelt saß und eifrig dem Lehrer zuhörte, sah er oft seinen Vater am Eingang stehen. Er konnte nicht lesen und auch nicht schreiben. Azul stellte dem Lehrer viele Fragen. Auch die Fragen bezüglich des fehlenden Wassers in den afrikanischen Ländern wurden aufgeworfen. Es fiel das Wort Klimawandel. Azul hörte genau hin. Was bedeutete dieses Wort und welche Auswirkungen hatte dieser Klimawandel auf der Erde?

Als Azul an diesem Tag nach Hause kam, wurde dieses Thema ausführlich im Familienkreis besprochen. Der Klimawandel war schuld an diesen Veränderungen. Die westlichen Industrieländer hatten Schuld daran, dass diese schrecklichen Dürren entstanden. Dort fuhren unglaublich viele Autos und auf jedem Haus rauchten Schornsteine. Dadurch wurde die Atmosphäre aufgeheizt.

Schon oft wurde in der Familie darüber diskutiert, ob man nach Europa reisen könnte, um dort zu arbeiten. In vielen Dörfern mussten schon Menschen sterben, weil sie nicht genug zu essen hatten. Azul hörte von einigen Familien, dass die jungen Männer in Europa Geld verdienten und ihre Familien dadurch am Leben halten konnten. Azul war ein junger Mann und hatte Kraft. Er war auch nicht dumm und könnte durch Arbeit seine Familie unterstützen.

„Wenn die im Westen an unserer Misere schuld wären, dann müssen sie uns doch wenigstens in ihren Ländern arbeiten lassen.“

In diese Richtung gingen seine Gedanken. Allerdings kostete diese Überfahrt nach Europa viel Geld. Burundi ist eines der ärmsten Länder auf der Welt. Deshalb war der Gedanke an solch ein Vorhaben bisher gescheitert. Allerdings hatten die Ältesten vor Kurzem beschlossen, dass für ein paar wenige im Dorf gesammelt werden sollte. Die stärksten jungen Leute sollten sich auf den Weg machen können, um die ärmsten Familien zu unterstützen. Azul wollte sich für diese Aktion melden. Er wollte nicht zusehen, wie auch bei anderen Familien in seinem Dorf Kinder wegen harmlosen Viren und Hunger starben. Er wollte etwas tun, solange er noch stark und gesund war. Bei der nächsten Dorfversammlung würde er sich melden.

Als die Dorfältesten die nächste Zusammenkunft bekannt machten, war für Azuls Familie klar, dass sie teilnahmen. Die Ältesten waren damit einverstanden, dass Azul diese Reise über das Meer hinter sich bringen sollte. Mit seinen 24 Jahren konnte der junge Mann Verantwortung für die Familie übernehmen.

Bei dieser Dorfversammlung wurde wie immer darüber gesprochen, wie viele Tiere aus Wassermangel in der letzten Zeit verendet waren. Wie viele Dorfbewohner krank waren und wie viele Menschen wieder an Hunger starben.

Es fiel Azul auf, dass diesmal auch die Ältesten von angrenzenden Dörfern dabei waren. Verzweifelt berichteten auch sie von der schlimmen Dürre und ihren schrecklichen Auswirkungen.

Azul konnte es gar nicht erwarten, bis das Thema Europa angesprochen wurde.

Als einer der Ältesten endlich über Europa und die Möglichkeiten, dort zu arbeiten sprach, war Azul schon in den Startlöchern.

In Azuls Dorf gab es nicht viele in seinem Alter. Die Sterberate der Kinder war sehr hoch. Als die Ältesten dann endlich danach fragten, ob es Freiwillige gäbe, meldeten sich Azul sowie fünf Andere in etwa seinem Alter. Die nächste Frage ging an die Eltern dieser jungen Männer. Die Ältesten wollten auf jeden Fall vermeiden, dass der Weggang dieser jungen Menschen Familien gänzlich zerstörte. Die Eltern aller 6 jungen Männer waren einverstanden. Ein Stein fiel Azul vom Herzen. Die Entscheidung war getroffen!

Nun meldeten sich die Ältesten der anderen Dörfer und berichteten auch von jungen Männern, die sich diese gefährliche Überfahrt ebenfalls vorstellen konnten. Am Ende der Versammlung stand fest, dass 18 junge Männer in den nächsten Tagen aufbrechen würden: erst mit dem Bus die lange Strecke nach Algier und von dort aus mit einem Boot nach Spanien, über das offene Meer. Das Geld für die Schlepper war schon von den einzelnen Dörfern gesammelt worden.

Nach der Dorfversammlung saß die Familie beisammen. Azuls Mutter weinte schon während der Versammlung. Natürlich hatte es sich schon herumgesprochen, dass auf diesen illegalen Überfahrten schon viele gestorben waren.

Deshalb war die Stimmung sehr gedrückt. Aber was hatten sie für eine Wahl? Warten, bis einer nach dem anderen der Familie stirbt?

Azul war von seiner Familie auserkoren worden. Der Stolz über dieses Ereignis war ihm anzusehen. Endlich konnte er etwas zu der Rettung seiner Familie beitragen. Ja, die Reise würde sehr beschwerlich werden. Schon alleine die Busfahrt auf dem Dach würde alles andere als angenehm sein. Er konnte auch nicht schwimmen. Aber die Ältesten sprachen davon, dass Rettungswesten ausgeteilt werden sollten.

Sein Stolz war stärker als seine Angst.

Still aßen sie miteinander. Die Hütte bot nicht viel Platz. Sie berührten sich beim Essen. Dieser Familienkreis auf dem Lehmboden gab Azul immer ein wohliges Gefühl. Der Glaube an Allah würde ihm Kraft geben. Diese Worte von seinem Vater waren immer sein Begleiter. Er würde es schaffen. Azul saß neben seiner schluchzenden Mutter. Gegenüber saß sein Vater, der durch die schwere Feldarbeit ausgemergelt aussah. Azul schaute ihm in die Augen. Natürlich war auch er traurig wie seine ganze Familie. Aber er versuchte seine Tränen zurück zu halten. Er versprach seiner Familie, auf sich aufzupassen.

Nach dem Essen verließ Azul die Hütte und lief dem angrenzenden Berg entgegen. Endlich konnte er seine Tränen laufen lassen, ohne dass es jemand sah. Er hatte große Angst, weil er noch nie von seiner Familie weg war. Wie sollte er nur ohne Sprachkenntnisse in einem fremden

Land klarkommen? Wie sollte er an Arbeit kommen? Mit jeder Stunde wurde seine Angst größer. Doch es gab keine Möglichkeit mehr, etwas zu ändern. Azul würde niemals seinen Schwur brechen, seiner Familie beizustehen. Und ein kleiner Teil in ihm freute sich fast schon auf das vor ihm liegende Abenteuer, auch wenn die Furcht grad die Oberhand hatte und ihm einen schlimmen Knoten im Bauch bereitete.

Abschied

Der klapprige Bus hielt mit quietschenden Bremsen an. Das halbe Dorf wurde durch den Bremsvorgang mit Staub überzogen. Alle waren gekommen, um die 18 Jungen zu verabschieden. Azul hatte sich schon in der Hütte von seiner Familie verabschiedet. Niemand sollte sehen, wie traurig er war. Wie viel Angst er in seinem Rucksack trug, den seine Mutter ihm gerichtet hatte.

„Allah sei mit Dir", hauchte sie ihm ins Ohr.

„Wir lieben Dich."

Azul konnte sich nicht mehr zurückhalten. Er weinte in der Hütte. Nachdem er alle verabschiedet hatte, ging er auf den großen Dorfplatz. Seine Familie wartete noch, bevor sie sich auch auf den Weg machten. Und nun stand er da vor diesem Bus. Die Plätze im Inneren des altersschwachen Gefährts waren natürlich besetzt. Der Busfahrer war schon ausgestiegen und zerrte die Leiter vom Dach. Auch das Dach war schon großteils besetzt. Azul stieg als erster auf den Bus. Die anderen Jungs setzten sich neben ihn. Azul überlegte, wie da alle Platz finden sollten. Der Busfahrer schien verzweifelt. Er ging in das Innere des Busses und sagte zu den Fahrgästen, dass sie noch etwas zusammenrücken müssten. Da es drückend heiß war wurde es unruhig im Inneren des Busses. Aber nach ein paar Minuten war klar, dass alle mitfahren konnten.

Azul schaute noch einmal mal auf die vielen Menschen, die jetzt anfingen, zu winken und zu wehklagen.

Seine Familie stand ganz vorne und nickten ihm noch einmal zu. Seine Mutter brach fast zusammen. Er musste wegschauen, um nicht wieder Opfer der Tränen zu werden. Dann fuhr der Bus los und Azul betete zu Allah, dass er ihm Kraft geben möge.

Das weite Meer

Was hatten die Ältesten versprochen? Schwimmwesten sollte es geben. Nicht einer der Flüchtenden hatte eine Schwimmweste an. Die bösen Menschen, die ihnen das Geld abnahmen, trieben sie auf die Holzboote. Die Nacht war unbarmherzig, denn sie umgab die Menschen an diesem Strand mit Angst und Misstrauen. Die Schleuser waren laut und unhöflich. Drei andere Boote mit jeweils circa 100 Menschen legten ab. Als alle endlich saßen, legte auch sein Boot ab. Die Außenbordmotoren dieser Seelenverkäufer waren laut und es roch nach Benzin. Nach einer halben Stunde sahen sie nur noch ganz verschwommen die Lichter der Küstenhäuser. Die Schleuser hatten immer Angst, entdeckt zu werden. Deshalb musste die Aktion auch nachts von Statten gehen.

Schon nach kurzer Zeit fingen die ersten kleinen Kinder an zu weinen. Die Mütter versuchten sie zu beruhigen. Andere mussten dringend ihre Notdurft verrichten und versuchten an den Rand des Bootes zu kommen. Sofort aber wurden sie lautstark dazu angehalten, sich sofort wieder zu setzen. Das Boot könnte kentern und alle in den Tod treiben. Verängstigt setzten sich die Kinder wieder hin. Nach wenigen Minuten waren die Füße vieler Insassen nass. Der Urin war zu riechen und zu spüren. Azul fragte sich, wie es in ein paar Stunden in dem Inneren der Boote aussehen würde.

Viel größere Sorgen machte er sich aber, als am dunklen

Horizont plötzlich Blitze zu sehen waren. Den Menschen auf diesen großen Booten war die Angst in die Gesichter geschrieben. Die Aufseher wurden nervös und gaben das auch an die Flüchtenden weiter. Wegen Kleinigkeiten schrien sie die Menschen an. Nach zwei Stunden wurde der Gestank unerträglich. Die Eltern nahmen ihre Kinder in Schutz, wenn sie mal wieder den Drang zu urinieren verspürten. Allerdings wurde durch die Angst, die jetzt in jedem hochkroch, der Körper entleert. Fast jedes Kind im Boot fing nun an zu weinen. Inzwischen war auch Donner zu hören, der langsam näher kam und bedrohlicher wurde. Der Wellengang wurde stärker und die Unruhe der Menschen konnte man regelrecht spüren. Sein direkter Sitznachbar fing an, sich zu übergeben. Die Aufseher, die alle mit Schlagstöcken ausgerüstet waren, benutzten sie jetzt, um Ruhe auf den Booten zu bekommen. Doch genau das Gegenteil passierte. Die Menschen wurden panisch und standen auf.

Azul wusste genau, wie er sich zu verhalten hatte. Er blieb ruhig sitzen und versuchte, die anderen zu beruhigen. Das gelang ihm aber nur ungenügend. Die Menschen spürten ganz genau, dass dies nicht für alle gut ausgehen konnte. Nackte Angst und tiefe Verzweiflung waren fast greifbar. Zu allem Überfluss fing es jetzt auch noch an, stark zu regnen. Azul sah, dass sich das Boot langsam mit Wasser füllte. Die Aufseher verteilten eiligst Eimer, damit man das Unheil vielleicht noch abwenden konnte. Die Steuermänner der Boote versuchten die anderen Boote in Sichtweite zu halten. Die kleinen Scheinwerfer aber konnten bei den starken

Regen nicht viel ausrichten. Immer wieder riefen sie laut die Namen der anderen Steuermänner.

Als der Seegang immer stärker wurde und die Boote wie Nussschalen hin und her geworfen wurden, konnte er die ersten Gebete hören. Die meisten auf dem Boot gehörten dem islamischen Glauben an.

Der Steuermann von Azuls Boot hatte größte Mühe damit, dass das Boot nicht kenterten. Die anderen Boote waren inzwischen außer Sichtweite. Auch die Motoren waren nicht mehr zu hören. Das Boot schlug immer härter auf den Wellen auf. Die panischen Stimmen verstummten. Niemand sagte mehr etwas. Jeder wusste, dass nun der Tod umherschlich, um sich seine Opfer genüsslich auszusuchen.

Dann passierte das Unglück. Eine Mutter begann mit lautem Wehklagen. Schnell war klar, dass ihr Kind aus dem Boot gefallen war. Die Mutter stand auf und schrie, wie Azul noch niemals jemand hatte schreien hören. Er konnte die Frau nicht sehen. Es war schlicht zu dunkel. Aber er hörte sie so sehr, dass er sich genau vorstellen konnte, wie sie mit ihren Armen ruderte. Auf einmal war es wieder still. Man hörte nur noch den Motor und den starken Regen. Viele waren nebenbei damit beschäftigt, das Wasser aus dem Boot zu schöpfen. Jeder im Boot wusste, dass die Mutter ihrem Kind hinterher gesprungen war.

Azul hing seinen Gedanken nach. Innerlich war er seltsam ruhig. Wenn Allah in ins Paradies holen wollte, dann war er bereit. Was sollte er denn tun? Er betete für die Frau und ihr

Kind. Das Boot schwankte immer gefährlicher. Der Steuermann versuchte alles, um das schwimmende Gefährt einigermaßen ruhig zu halten. Durch das Gewitter blies der Wind immer stärker. Die Panik war in seinem Gesicht abzulesen. Auch er würde sterben, wenn das Boot kenterte. Ein paar Sitzreihen weiter saß ein Junge aus seinem Dorf. Ihre Blicke kreuzten sich nur kurz. Jeder der beiden wusste, dass sie vielleicht bald sterben würden.

Plötzlich wurde es gespenstisch ruhig. Es war kein Motor mehr zu hören. Das Boot schwankte extremst. Verzweifelt riss der Steuermann an dem Motor herum. Der Elektrostarter ging ins Leere. Die Schnur, die als Ersatzstarter für den Anlasser angebracht war, riss beim zweiten Versuch.

Azul schaute den Steuermann an. Seine Panik ging plötzlich ins Unermessliche. Nach etlichen Versuchen den Motor zu starten gab er auf.

Dann passierte etwas, was Azul nicht erwartet hat. Der Bootsführer stand auf und sprang ins Wasser. Einfach so. Die meisten der Menschen bekamen das gar nicht mit. Sie waren alle so mit sich und ihren Familien beschäftigt, dass für viele nur noch eines in ihren Köpfen war: Überleben. Und zwar um jeden Preis.

Azul versuchte noch an die Ruder zu kommen, die für den Notfall am Platz des Steuermanns bereit lagen.

Aber es war zu spät. Eine große Welle sorgte dafür, dass das Boot urplötzlich kenterte. Azul schaute auf die Menschen, die nun wie in Zeitlupe übereinander fielen. Jeder schrie und weinte. „Allah, hilf uns", schrien viele.

Im Schein verschiedener Taschenlampen konnte er erkennen, dass ein Vater und sein Kind versuchten, das havarierte Boot zu erreichen. Azul sah in das etwa vierjährige Gesicht eines Kindes. Die tosenden Wellen trieben den kleinen Körper immer wieder vom rettenden Boot weg. Die kleinen Ärmchen und unkoordinierte Schwimmbewegungen halfen nicht. Das Mädchen kam dem vermeintlich rettenden Boot nicht näher.

Man sah, dass die Kraft der Kleinen schwand. Dem Tode nah, schauten die immer lebloser wirkenden Augen Azul an. Er aber konnte nicht helfen. Würde er jetzt loslassen, wäre er verloren. „Apa, Apa." hörte Azul das kleine Mädchen hauchen.

Nein, es war kein Rufen. Es war eher ein verzweifeltes Wispern.

„Aline!" Azul sah den Vater der kleinen Aline, der auf einmal im Schein der dunkler werdenden Taschenlampen erschien.

Azul streckte seine Hand aus. Inzwischen hatte der Vater seine Tochter in seinem Arm. Den anderen streckte er Azul entgegen.

Noch niemals zuvor hatte Azul soviel Angst. Er wollte die beiden retten, streckte seinen linken Arm aus und nahm die Hand des Vaters. Die Fingernägel des panischen Vaters gruben sich tief in den Handrücken von Azul. Dann versuchte er den jungen Vater und sein Kind zum rettenden Boot zu ziehen. In diesem Moment erwischte die drei eine riesige

Welle. Azuls Finger der rechten Hand krallten sich in die Holzbohlen des gekenterten und brüchigen Seelenverkäufers.

Dann spürte er, dass es ihm nicht möglich war, die beiden festzuhalten. Sollte er loslassen und mit den beiden sterben?

Als diese Gedanken zu reifen begannen, nahm ihm der junge Vater die Entscheidung ab. Er hörte noch ein paar Wortfetzen eines Gebetes. Azul sah noch einmal in das Gesicht der kleinen Aline. Ihr kleiner Mund schien ihm auf Wiedersehen zu sagen. „Nagasaga.“

Dann trugen die Wellen die beiden Körper in dieses riesige Wellengetöse.

Azul fühlte sich einsam und verloren. Warum konnte er diese Hand nicht festhalten? Niemals würde er diesen Augenblick vergessen. Azul schaute sich um. Es wurden immer weniger Menschen, die er erkennen konnte. Die Taschenlampen spendeten kaum noch Licht.

Einige versuchten sich noch, an dem gekenterten Boot festzuklammern. Aber alle, die das Boot mit letzter Kraft erreichten, konnten sich nicht mehr festhalten. Mit einem leisen Gebet auf den Lippen versanken sie in den Fluten.

Nun war auch die letzte Taschenlampe erloschen. Er schaute in den Vollmond, der sich hinter den Wolken, die nun langsam aber sicher aufrissen, abzeichnete und zur einzigen Lichtquelle in dieser schrecklichen Finsternis wurde.

Nach ein paar Minuten, die Azul wie eine Ewigkeit

vorkamen, war es still. Es war eine tödliche Stille.

Er fragte sich, ob er wirklich der einzige Überlebende war. Inzwischen wurde das Meer ruhiger. Nun war er alleine. Einsam und dem Wahnsinn nahe. Auf der Wasseroberfläche konnte er im schwachen Mondschein schwimmende Utensilien erkennen. Er glaubte gepackte Taschen, kleine Rucksäcke und Kleidungsstücke zu unterscheiden. Auch das Ruder, das er vor wenigen Minuten noch in der Hand hatte, schwamm einsam auf den sich beruhigenden Wellen.

Er dachte an die Mütter und Väter, die in der Hoffnung auf ein besseres Leben die Kleider und andere Utensilien für ihre Liebsten gepackt hatten.

Er dachte an die Familien, die ihre ganzen Ersparnisse an die Schleuser zahlten und nun ihre Söhne und Töchter nie mehr sehen würden.

Er musste auch an die kleine Aline denken, die nun irgendwo an einer nahen Küste angespült werden würde. Vielleicht in den Armen ihres Vaters. Wahrscheinlich aber alleine, ohne Schutz und Geborgenheit, ihres Lebens beraubt wie so viele, die in dieser Horrornacht umgekommen waren.

Auch die junge Mutter, die ohne großes Zögern ihrem Kind in die Fluten folgte, lebte nicht mehr. Wollte nicht auch sie für ihr Kind da sein? Wollte nicht auch sie das Beste für ihre Tochter?

In diesem Augenblick erkannte Azul diese schreiende Ungerechtigkeit in seiner kleinen Welt. Warum konnte er nicht sein Leben so gestalten, wie er es wollte? Warum musste er auf so einem kleinen Boot über dieses riesige Meer schippern?

Er schwor sich dieses Unrecht in die Welt hinaus zu schreien.

Er konnte und wollte es nicht zulassen, dass die Menschen, die vor seinen Augen starben, umsonst gestorben sind. Er wollte diese Umstände ändern. Er wusste nicht wie. Aber er wollte etwas ändern.

Neben all diesen Gedanken spürte er eine tiefe Trauer in sich. Er sah seine Eltern vor Augen. Wie viel Hoffnung konnte er beim Abschied in ihrer Mimik erkennen. Er hörte im Geist die Gebete seiner Eltern.

Auch Azul betete still zu seinem Gott. „Wenn du mich jetzt holen willst, dann tu das."

Inzwischen trieb das Boot Kiel-oben. Azul klammerte sich an den Sitzbänken des Bootes fest. Er befand sich jetzt in der Luftblase des von den Wellen bewegten Bootes.

Azul überlegte sich ob er nicht einfach loslassen sollte. „Was hatte das alles jetzt noch für einen Sinn", fragte er sich.

Doch er hielt sich fest. Eine Ewigkeit, vielleicht auch nur einige Minuten, hörte er außerhalb dieser Blase Schreien und Weinen. Irgendwann wurde es nach und nach immer stiller. Azul fing nun selbst an, laut zu weinen.

„Bruder, wir werden überleben." sagte jemand in der Dunkelheit. „Ja, das werden wir."

Azul merkte jetzt, dass er nicht alleine war. Durch die absolute Dunkelheit, die ihn umgab, sah er nicht die Hand vor den Augen.

„Wie viele sind wir", fragte er in die Dunkelheit. Er bekam von fünf Menschen Antwort. Es waren tatsächlich fünf junge Männer aus seinem Dorf, die sich an die Sitzbänke des havarierten Bootes klammerten. Sie redeten nicht viel. Zusammen sprachen sie ein Gebet, das sie schon in der Kindheit bei ihren Eltern lernten:

"Rabbana, wa-laka I-hamd." Unser Herr, dir sei Ehre.

„Wir sollten uns jetzt ausruhen, wenn wir noch eine Chance haben wollen. Vielleicht hatte einer der Aufseher einen Sender." Azul wusste natürlich, dass seine Worte kaum wahr sein konnten. Aber er wollte die anderen beruhigen.

Das Gewitter war irgendwann vorübergezogen und das Meer wieder ganz ruhig. Keine Wellen mehr. Durch die Ritzen des Bootes sah man, dass es hell wurde. Azul fragte die anderen, ob sie alle noch etwas Kraft hätten. Alle gaben Antwort.

Azul schlug vor, dass sie alle auf das Boot steigen sollten, um wenigstens ein vorbeifahrendes Schiff alarmieren zu können. Mit viel Angst im Herzen ließen sie die Sitzbänke los, hangelten sich irgendwie durch das abgrundtiefe Wasser um die rutschigen Bootswände herum und hievten sich völlig entkräftet auf die Boots-Oberseite. Jeder half dem Anderen.

Sie schauten auf das Meer. Azul fiel auf, dass in solch einer gefährlichen Situation ganz wenig gesprochen wurde. Jeder war so mit sich selbst beschäftigt, dass Reden nur störend sein würde.

Azul fiel noch etwas auf. Er hatte noch seinen Rucksack auf dem Rücken. Kurz vor dem Einstieg in dieses Schicksals-Boot hatte er noch seine beiden Trinkflaschen gefüllt. Die anderen Jungs hatten keine Rucksäcke mehr. Zwei Liter für fünf Personen waren nicht viel. Mehr als ein-zwei Tage würden sie wohl nicht überleben. Die Sonne stand noch nicht hoch und Azul konnte es nicht einschätzen, wie heiß die Sonne heute wohl brennen würde. Er entschied sich dafür, die Flaschen erst einmal im Rucksack zu lassen.

Sie warteten - sechs Entkräftete, umgeben von einer unendlichen Wasserfläche, erschüttert von den Ereignissen der letzten Stunden, dem Tod haarscharf entronnen.

Was würde passieren? Würden sie nun doch noch sterben, jetzt noch, wo sie doch so knapp überlebt hatten?

„Wie groß sind wohl die Chancen, dass hier ein Schiff vorbeifährt?" fragte einer der Jungs in die Runde.

„Das frag' ich mich auch." dachte Azul für sich.

Es kam keine Antwort. Jeder hatte Angst vor einem Tod, der sich durch Verdursten ganz langsam ankündigt.

Azul überlegte angestrengt, wie man mitten auf dem Meer einen der leckeren Fische fangen könnte, als er ein Motorgeräusch wahrnahm. Jeder der Jungs erhob sich.

„Hey, sitzen bleiben." rief Azul.

Schnell setzten sich die anderen wieder.

„Wir wollen doch nicht, dass unser Lebensretter wieder kentert." Das Motorgeräusch kam immer näher, dann sahen sie es. Es war ein Hubschrauber.

„Wir werden jetzt alle anfangen zu winken. Wir stehen nicht auf, verstanden?" herrschte Azul die anderen an.

Der Hubschrauber kreiste um die Unglücksstelle.

„Sie haben uns gesehen, sie haben uns gesehen!" rief einer der Jungs ganz laut.

Auch Azul wusste, dass sie gerettet waren.

Warum war der Hubschrauber genau hier unterwegs? Azul zählte zwei und zwei zusammen. Die anderen mussten überlebt haben. Sie wurden bestimmt aufgenommen und teilten den Rettungskräften mit, dass noch ein Boot fehlte. Das würde sich später vielleicht klären.

Der Hubschrauber war nun direkt über ihnen. Sie sahen, dass sich einer der Rettungskräfte bereit machte, sich aus dem Hubschrauber abzuseilen. Da es ein großer Hubschrauber war, konnten die sechs davon ausgehen, dass alle mitgenommen würden.

Azul hatte so ein fliegendes Ungetüm noch nie aus der Nähe gesehen. Nach und nach holte der Retter die sechs jungen Männer an Bord des großen Hubschraubers. Schließlich waren alle im Bauch des mächtig lauten Fahrzeugs.

Leider konnte Azul sich mit den Helfern nur gebrochen englisch unterhalten. Mit Händen und Füßen wurde ihm vermittelt, dass sie an das spanische Festland gebracht würden.

Azul brüllte über den Lärm des Hubschraubers hinweg, dass

er Asyl brauchen würde. Der Helfer nickte nur und schaute dann nach vorne. Alle hingen ihren Gedanken nach. Nach zwei Stunden landete der Hubschrauber in Sueca auf dem spanischen Festland. Sechs von einhundert hoffnungsvollen Menschen hatten es geschafft. Welch schrecklichen Preis hatten sie alle zahlen müssen.

Das spanische Flüchtlingsheim

In Sueca wartete die Polizei auf die fünf jungen Männer. Azul hatte in seinem durchnässten Rucksack die Ausweispapiere und kramte sie hervor. Die anderen hatten durch das Unglück nur das, was sie auf dem Leibe trugen, ihre Kleider. Nach einer ersten Aufnahme verschiedener Angaben führten die Beamten sie in großes Gebäude.

Auf dem Schild am Eingang stand Asyl, zumindest vermutete Azul das.

Im zweiten Stock befanden sich sehr große Räume, in denen viele Stockbetten aufgebaut waren. Als sie durch die Tür gingen sahen sie, dass viele andere Überlebende schon in den Betten lagen. Die meisten schliefen. Doch einige waren wach. Niemand sprach ein Wort. Einige weinten in ihre Matratze. In den Gesichtern konnte Azul sehen, dass viele ihre Angehörigen in den Fluten verloren hatten. Inzwischen war es draußen schon dunkel geworden. Azul legte sich in das vor ihm stehende Bett und schlief sofort ein.

Er wachte mitten in der Nacht auf. Sofort wusste er, warum er aufgewacht war. Eine Frau weinte bitterlich. Azul stand auf und ging zu ihr. Der Saal war nur schwach beleuchtet.

„Warum weinst Du?"

Er sprach Kurundi, da diese Sprache in Burundi gesprochen wird. Die Frau war nach Azuls Annahme Mitte zwanzig. Unter Schluchzen antwortete sie:

„Ich habe meine Tochter da draußen verloren. Sie war doch erst 5 Jahre alt.“

Azul nahm sie in die Arme und weinte mit ihr.

„Weißt Du, Schwester, ich habe auch jemand aus meiner Familie verloren. Sie starb im Alter von 4 Jahren. Meine Schwester war noch viel zu jung zum Sterben.“

„Ich weiß, was Du fühlst. Wie heißt Du?“ fragte er sie.

„Ayram.“ antwortete die junge Frau.

„Ich konnte sie nicht mehr halten, ich konnte sie einfach nicht mehr halten.“ Wieder weinte sie bitterlich.

„Du konntest nichts tun. Du hast keine Schuld. Bei uns auf dem Boot verlor auch eine Mutter ihr Kind. Sie sprang ihm hinterher. Aber was macht das für einen Sinn. Wir dürfen leben. Allah schenkte uns einen zweiten Geburtstag.“

Ayram hörte kurz auf zu weinen.

„Woher kommst Du?“

„Aus der Nähe von Rutana.“ antwortete Azul.

„Dann warst Du sicher auch dabei, als die Ältesten die Reise nach Europa für die jungen Männer beschlossen.“

„Ja.“ erwiderte Azul verwundert.

„Ich bin die Tochter von einem der Ältesten die sich in deinem Dorf versammelten. Ich sollte auch nach Europa, weil mein Bruder in Deutschland lebt. Mein Vater sagte, dass es mir dort besser ginge. Vor allem der Kleinen.“

Wieder fing sie an zu weinen.

„Und jetzt ist sie tot." weinte sie.

„Auch ich sollte sterben. Dort mit ihr."

„Nein", erwiderte Azul. „Wir leben und werden für unsere Familien da sein, damit sie leben können. Dein Leben hat trotzdem einen Sinn."

„Bitte leg dich zu mir. Ich möchte nur deine Wärme spüren. Mein Herz ist voller Angst und Trauer."

Azul legte sich wie selbstverständlich neben diese Frau, die er soeben kennengelernt hatte. Er spürte, dass sie ihn brauchte. Sofort schlief sie ein.

Azul wachte am nächsten Morgen das erste Mal in seinem Leben neben einer Frau auf. Ayram schlief noch. Auch die meisten anderen schliefen. Azul zählte die belegten Betten. Er kam auf hundert. „Bei Allah." dachte Azul bei sich, „dann sind letzte Nacht zweihundert Menschen ertrunken."

Er konnte seine Tränen nicht zurückhalten. Er musste daran denken, wie viele Kinder auf den Booten waren, wie viele Frauen und wie viele junge Männer. Diese Nacht würde er wohl nie vergessen.

Plötzlich öffneten sich die Türen und es kamen Polizeibeamten in den riesigen Raum. Sie gingen von Bett zu Bett und weckten alle auf. Es lag eine grausame Stille in der

Luft. Fast alle von diesen Menschen hatten jemand verloren.

Jeder stand auf und wurde in einen großen Waschraum geführt. Nach und nach konnten alle duschen. Allerdings waren die Kleider der meisten noch feucht. In diesem großen Waschraum, der für Frauen und Männer getrennt war, waren Kleidersäcke gerichtet. Jeder konnte sich nehmen, was er brauchte.

Danach fand jeder auf den Betten je eine Stärkung vor, belegte Brote ohne Schweinefleisch.

Als alle dann fertig waren, wurden sie in verschiedene Büros gebracht.

Ayram nahm Azul an die Hand und zeigte ihm damit, dass sie nun zu zweit in dieses Büro gingen.

Die beiden mussten dann eine halbe Stunde in diesem Raum warten. In dieser Zeit schlug Ayram vor, dass sie doch als Paar auftreten könnten. Damit hätten sie größere Chancen in diesem fremden Land. Azul überlegte kurz und sagte dann zu. Sie hatte ja Beziehungen nach Deutschland. Dieses Land wurde von allen Seiten gelobt. Ihr Vorschlag könnte sich noch als gutes Fundament für sein Leben auswirken. Als der Beamte ins Zimmer kam, hatte er schon einen Übersetzer dabei. So wie es aussah, waren die meisten der Überlebenden aus Burundi und sprachen Kurundi.

Ayram übernahm sofort die Führung in dem nachfolgenden Gespräch. Da Azul noch seine Ausweispapiere besaß, war es nicht schwer den Beamten davon zu überzeugen, dass sie als Verlobte an der Seite von ihrem zukünftigen Mann sein wollte. Da sie sogar eine Adresse von ihrem Bruder nachweisen konnte, wurde sofort ein Telefonat mit dem selbigen geführt.

Am nächsten Morgen stiegen die beiden in Valencia in ein Flugzeug, das sie nach Frankfurt brachte. Das erste Mal in ihrem Leben sahen die beiden ein Flugzeug von innen. Als diese Maschine in die Lüfte stieg, nahm Ayram Azuls Hand und erdrückte sie fast.

„Keine Angst." sagte er.

„Keine Angst. Wir haben es geschafft."

Nach kurzem, ereignislosem Flug landeten sie wohlbehalten in Frankfurt.

Ein neues Leben

Azul war total überrascht, was Allah für ihn bereithielt.

Als sie in Deutschland aus dem Flugzeug stiegen, regnete es ein wenig. Regen war für die beiden ein Geschenk des Himmels. In diesem Land aber liefen die Menschen mürrisch an ihnen vorbei. Beide dachten an einen wunderschönen Augenblick in ihrem Dorf. Damals tanzten alle, als es anfing zu regnen, nach langer Dürre.

Sie mussten den Beamten in Deutschland die Papiere zeigen, die in Spanien ausgestellt wurden. Als sie dann am Ausgang ankamen, sahen sie schon ein Schild mit ihren Namen. Der Bruder von Ayram wartete bereits.

„Ich heiße Karfu", rief er Azul entgegen. Dann nahm er seine Schwester in den Arm und fragte, wie es ihr geht. Sofort flossen wieder die Tränen.

„Wie gerne hätte ich meine Nichte kennengelernt", sagte Karfu mit Tränen in den Augen. Jetzt streckte er Azul die Arme entgegen.

„Du bist wohl der Verlobte meiner Schwester?" fragte er augenzwinkernd.

Azul schaute verschämt auf den Boden. Dann nahm Karfu seine Schwester an der Hand und lief mit den beiden dem Parkhaus entgegen. Ayram streckte Azul während des Laufens die Hand entgegen.

„Komm, mein zukünftiger Ehemann."

Im Parkhaus steuerte Karfu auf einen großen Wagen zu. Auf der Motorhaube prangte ein Stern. Karfu musste gut verdienen. Er bat sie, einzusteigen. Als sie dann zu dritt im Auto saßen, schaute er sie an.

„Ich habe in der Innenstadt Frankfurts eine große Wohnung. Nachdem ich Medizin studieren durfte, hatte ich zuerst eine Assistentenstelle in einem kleinen Krankenhaus. Inzwischen leite ich eine onkologische Station eines renommierten Krankenhauses. Ich wollte euch nur sagen, dass ich die Möglichkeit habe, euch zu helfen. Ihr werdet für eine gewisse Zeit bei uns wohnen können."

Dann fuhr er los in einem Wagen, den die beiden nur bestaunen konnten. Der Innenraum war mit Leder verziert, und der Motor war kaum zu hören. Die Stadt war voll mit Menschen, die es alle irgendwie eilig hatten. Sie liefen durcheinander wie Ameisen und grüßten sich nicht. Alle starrten auf ein kleines schwarzes Etwas, das sie in der Hand trugen. Azul wusste nicht, warum man so etwas brauchte. Im Dorf hatten die Leute von der UNO auch solche kleinen schwarzen Teile, mit denen man sprechen konnte. Aber dass man die immer vor sich hertragen musste, war Azul neu. Auch im Hubschrauber hatten die Insassen diese sogenannten Handys dabei. In den größeren Dörfern Algeriens hatten die Menschen diese Handys oft bei sich.

Aber hier hatte gefühlt jeder so ein Gerät.

Azul wurde gar nicht fertig damit, die Menschen und die Häuser anzuschauen. Während der Fahrt waren alle still. Ayram kamen immer wieder die Tränen. Karfu streichelte sie über den Arm und fühlte mit ihr.

„Wir sind gleich da. Ihr könnt euch gerne im Bad frisch machen. Ich habe auf Verdacht ein paar Klamotten für euch besorgt."

Der schwere Wagen steuerte in eine Tiefgarage, die hell erleuchtet war. Azul hatte tausend Fragen, die er aber aus Rücksicht auf Ayram erst später stellen wollte. Als der Wagen zum Stehen kam, stieg Karfu aus und öffnete den beiden die Tür. Azul hätte gar nicht gewusst, wie er aus dem Wagen hätte kommen sollen. Schon an der Tür waren sehr viele Knöpfe. Überall im Wagen waren Knöpfe, die Azul nicht zuordnen konnte.

„Kommt mit, ihr beiden", rief Karfu den Zweien zu. Nun standen sie vor einer Tür, die sich gleich öffnen sollte. Azul wunderte sich, dass Karfu einen silbernen Knopf gedrückt hatte. Dann ging die Tür auf, und ein kleiner Raum war zu sehen.

„Kommt schon", lachte Karfu. Der Kasten fing an sich zu bewegen und fuhr nach oben. Im zehnten Stock hielt der Aufzug an. Azul konnte nicht glauben, was er jetzt sah. Sie liefen über die Schwelle des Aufzugs und waren in einer Wohnung, die Azul mit offenem Mund anschaute und erst mal stehen bleiben musste, um das Gesehene zu verarbeiten. Die Wände waren weiß gestrichen, und die Möbel aus Holz ließen Azul nur staunen.

Plötzlich stand eine weiße Frau vor den beiden und begrüßte sie in einer fremden Sprache. Ayram flüsterte ihm ins Ohr, dass man die Sprache wohl Deutsch nannte. Karfu nahm die beiden an den Händen und führte sie in einen Raum, in dem Kleider auf dem Bett lagen.

„Ihr könnt euch etwas raussuchen und dann mit ins Badezimmer nehmen." Während er das sagte, ließ er die beiden nicht los. Jetzt führte er Ayram und Azul in das Badezimmer. Azul hatte seinen Mund immer noch offen. Karfu zeigte den beiden, wie man die Wasserhähne in der Dusche bedient.

„Azul, vielleicht fängst du mal an", sagte Karfu. „Ich gehe mit Ayram in das Duschbad."

„Gibt es verschiedene Bäder?" ging es Azul durch den Kopf.

Dann verschwand Karfu mit seiner Schwester und schloss die Tür hinter sich. Jetzt war Azul alleine in diesem wunderbaren Raum. Ganz vorsichtig zog er sich aus und schaute sich um. Da war ein Schrank mit einem Spiegel. Er leuchtete im oberen Bereich. Sogar innerhalb des Spiegels waren

Leuchten angebracht. Die Toilette war sauber poliert, und daneben war ein Waschbecken in Kniehöhe. Azul wunderte sich, warum außer dem Waschbecken unter dem Spiegelschrank so eine niedrige Waschgelegenheit neben der Toilette an der Wand hing.

Er stieg vorsichtig in diesen Glaskasten, in dem eine silberne Schlange hing und ein glänzendes Stahlteil aus der Wand ragte. Karfu zeigte ihm schon vorhin, was er tun musste, damit aus dieser Schlange Wasser sprudelte. Azul konnte es nicht fassen, dass auf Knopfdruck Wasser aus dieser Schlange heraussprudelte. In seinem Dorf gab es Brunnen, aus denen man aus acht Metern Tiefe Wasser schöpfen musste. Dieser Brunnen war zwei Kilometer vom Dorf entfernt. Oft musste er als starker junger Mann zu diesem Brunnen laufen und den vollen Eimer dann zur Familie zurückbringen. Jetzt drückte er auf den Knopf, und Wasser lief über seinen Körper. Es war geradezu paradiesisch!

Als er fertig war, trocknete er sich ab und betrachtete sich im Spiegel. Er hatte eine besonders dunkle Hautfarbe, und sein Körper war muskulös. Auf einmal drehte sich in seinem Kopf ein Gedankenkarussell. Warum nur konnte er den anderen nicht helfen? Ein so junger starker Mann musste zusehen und zuhören, wie die Menschen um ihn ertranken. In diesem Moment kamen die Schreie der Kinder wieder in ihm hoch. Auch die Mütter hörte er schreien und stöhnen. Wieder sammelten sich Tränen in seinen Augen.

Plötzlich hörte er Rufe vor der Tür.

„Azul, alles klar bei dir?" rief Karfu.

Woher konnte er eigentlich Kurundi sprechen? Wie lange war er schon in Deutschland, und welche Umstände bewogen seine Eltern dazu, ihn nach Deutschland zu lassen? Er würde ihm später diese Fragen stellen.

Azul nahm sich die neuen Kleider und zog sie an. Ihm gefielen diese Klamotten. Sie waren etwas zu groß. Die Preisschilder hingen noch daran. In Burundi brachten die Uno-Mitarbeiter hin und wieder Kleider in die Dörfer. Sie wurden auf den Dorfplatz gekippt, und jeder konnte sich etwas raussuchen. Es waren Kleider aus Europa. Warum die Europäer diese schönen Kleider nicht mehr tragen wollten, war Azul ein Rätsel. Er fand immer etwas für sich. Diese Kleider jedoch waren neu. Noch niemand hatte sie vorher getragen. Das kannte Azul noch nicht. Er tanzte vor dem Spiegel vor Freude.

Dann öffnete er die Tür und ging auf den Esstisch zu, wo die anderen drei schon auf ihn warteten. Der Tisch war gedeckt mit allerlei Speisen, die Azul nicht kannte. Scheu setzte er sich auf den freien Platz. Er schaute aus den großen Fenstern, die den Raum sehr hell wirken ließen.

„Greift zu", rief Karfu den beiden zu.

Ayram war sehr ruhig. Sie sagte kein Wort. Ihre Augen waren rot geweint. Die Freundin von Karfu sagte etwas in dieser fremden deutschen Sprache und stand auf. Sie holte noch Wasser aus einer sauberen Flasche. Überhaupt war alles sehr sauber. In den Hütten seines Dorfes war immer alles staubig und schmutzig. Er kannte es gar nicht anders. Die Mutter hatte einen kleinen Handbesen, den sie jeden Tag zum Säubern benutzte. Aber durch den ständigen Wind, der von den Bergen her wehte, wurden durch die fensterlosen Fenster immer wieder Staubpartikel durch den Raum gewirbelt. Azul sah die vielen Hochhäuser, die genauso sauber wirkten. Immer wieder sah er große Flugzeuge über das Haus fliegen. Allerdings hörte er die Motoren dieser Flugmaschinen nicht.

Azul wusste gar nicht, was er essen sollte. Karfu spürte seine Unsicherheit.

„Du kannst gerne ein Brötchen nehmen", sagte Karfu und streckte ihm den Brotkorb über den Tisch.

Azul bedankte sich und fragte ihn, woher er so gut Kurundi spricht und wie es ihn nach Deutschland verschlagen hat.

„Als ich zwei Jahre alt war, kamen Touristen in unser Dorf. Unsere Familie war durch die Dürre, die im Jahr zuvor unsere gesamte Ernte zerstört hatte, am Ende. Unser Vater wusste nicht, wie er seine Familie ernähren sollte. Ein deutsches Pärchen lief an unserer Hütte vorbei. Ich ging neugierig auf diese weißen Menschen zu und fragte sie, ob sie vom Himmel gefallen sind. Der Reiseführer übersetzte diesen Satz, der die beiden zum Lachen brachte. Dann ging die Gruppe weiter. Später kam der Reiseführer noch einmal zur

Hütte und fragte meinen Vater, ob er sich vorstellen könnte, mich mit den Deutschen gehen zu lassen. Die Deutschen würden die Formalitäten mit den Behörden klären. Er sollte es sich mit seiner Familie überlegen. Er würde nächste Woche noch einmal vorbeikommen. 'Überlegen Sie es sich gut. Der Junge hätte in Deutschland ein gutes Leben.' Mit diesen Worten verließ er die Hütte. Und nun sitze ich hier und habe ein Medizinstudium hinter mir. Kurundi spreche ich, um unsere Eltern stolz zu machen. Ich treffe mich regelmäßig mit Bürgern aus Burundi. Es leben viele in Deutschland, die unsere Traditionen nicht vergessen haben und regelmäßig unsere Sprache sprechen. Es finden auch hier in der Nähe regelmäßig afrikanische Festivals statt, bei denen die afrikanischen Bräuche und auch unsere Musik gefeiert werden. Es wird dir gefallen."

Ayram hörte zu. „Schwester, wie geht es dir? Wie kann ich dir helfen?"

„Niemand kann mir helfen, Karfu. Ich habe mein Kind verloren. Niemand kann mir meinen Schatz zurückgeben. Gar niemand." Sie konnte die Tränen nicht zurückhalten. Die Freundin von Karfu stand auf und nahm sie in die Arme. Azul wusste nicht, was er sagen sollte. Er aß still weiter.

„Azul, wie bist du denn von unserem Dorf an die algerische Küste gekommen?"

Azul erzählte ihm, wie er auf dem Dach des Busses über Straßen fuhr, die man in Deutschland Feldwege nennen würde. Er erzählte auch davon, wie bei einem Bremsvorgang eine ganze Familie vom Dach rutschte und eine Weiterfahrt für sie wegen der Verletzungen eines Babys nicht möglich war. „Ein Sohn aus dieser Familie, in meinem Alter, stieg wieder auf den Bus und fuhr nach einer schlimmen Abschiedszeremonie weiter. Ich weiß nicht, ob dieser Junge überlebt hat", führte Azul weiter aus. Karfu schaute auf den Boden. „Schrecklich", schluchzte er.

Azul stand auf und ging in sein Zimmer. Endlich konnte er allein sein und weinen. In ihm tat alles weh. Auch Ayram war inzwischen in ihrem Zimmer. Azul hörte, wie das Geschirr abgetragen wurde. Die Sonne war inzwischen am Horizont angelangt. Azul lag auf seinem Bett und schaute aus dem Fenster. Er dachte an seine Eltern und Geschwister. Er vermisste sie jetzt schon schmerzlich. Wie konnte er ihnen Nachricht geben, dass er wohlbehalten in Deutschland angekommen ist?

Ein Klopfen an der Tür störte seine Gedanken. Karfu kam herein und schloss die Tür hinter sich. Er setzte sich auf die Bettkante und schaute ihn an.

„Azul, ich weiß, dass du dir jetzt tausend Gedanken um deine Zukunft machst. Du denkst an deine Eltern und daran, was du von hier aus für sie tun kannst. Ich werde dir bei all diesen Vorgängen helfen, Bruder. Morgen müssen wir zuerst zu den Behörden in Frankfurt. Dort werden wir auch gleich einen Deutschkurs beantragen, damit du dich in diesem für dich fremden Land verständigen kannst. Ganz sicher werden wir auch einen Job für dich finden, damit du Geld nach Hause schicken kannst. Wir werden das alles in die Wege leiten. Wenn du magst, kannst du fernsehen schauen."

Erst jetzt sah Azul, dass in der Ecke ein kleiner Fernseher stand. Azul hatte so etwas in Burundi schon gesehen. Aber im Dorf hatte keiner so ein Gerät. „Natürlich kannst du dir aus dem Kühlschrank etwas zu trinken holen. Wir haben auch Obst in der Küche. Du bist bis auf Weiteres unser Gast, Bruder."

Azul stand auf und nahm Karfu in den Arm. „Warum tust du das für mich, Karfu?"

„Weißt du, ich hatte Glück. Warum sollte ich dieses Glück jetzt nicht mit dir teilen? Wenn Ayram aus dieser Trauerphase raus ist, werdet ihr euch sicherlich näherkommen. Sie mag dich. Mir sind die Blicke nicht entgangen, die du ihr zugeworfen hast. Oder irre ich mich etwa?"

Azul wurde verlegen und schaute lächelnd auf den Boden. „Jetzt ruh dich aus, Bruder, und schlaf gut. Ich weiß, all das ist eine andere Welt für dich. Genieße es. Wenn dir unser Fernseher zu laut ist, dann melde dich einfach. Gute Nacht."

„Gute Nacht und vielen Dank, Karfu."

Azul stellte den Fernseher an und sah sich die Nachrichten an. Er brauchte ein paar Minuten, bis er alle Knöpfe ausprobiert hatte. Aber schließlich schaffte er es. Er konzentrierte sich natürlich in erster Linie auf die Bilder. Die Sprache kannte er ja nicht. Da sich das Zimmer von Ayram direkt angrenzend befand, hörte er ein leises Schluchzen. Er schaltete den Fernseher aus und öffnete seine Tür. Als er vor ihrem Zimmer stand, zögerte Azul kurz und überlegte, ob er klopfen sollte. Dann überwand er sich.

„Ja, wer ist da?" fragte eine verheulte Stimme.

„Azul", antwortete er.

„Komm herein."

Azul stand an der Tür und schaute ihr in die Augen. Sie lag bäuchlings auf dem Bett und schaute zu ihm auf. Er schloss die Tür hinter sich und ging auf sie zu.

„Darf ich mich zu dir setzen?"

Sie klopfte mit ihrer Hand auf die Matratze. „Es tut mir so leid. Wenn ich wüsste, wie ich dich trösten kann. Dir ist so etwas Schlimmes widerfahren."

„Ach, Azul, sei einfach nur bei mir." Sie nahm seine Hand. Er ließ sie gewähren.

„Mir gehen die Bilder von den toten Kindern und die Schreie ihrer Mütter auch nicht aus dem Kopf. Nachts höre ich sie um Hilfe rufen. Ich sehe, wie sich die Panik in ihre Gesichter frisst. Ich sehe die Väter, die ihre Kinder retten wollen und nicht können. Ich sehe sie zusammen sterben. Ihre aufgedunsenen Leiber, die auf dem Wasser treiben. Sie alle wollten doch nur ein besseres Leben. Warum mussten sie sterben? Ich ertrage es kaum." Azul begann mit Ayram zusammen zu weinen.

„Azul, wir werden hier ein neues Leben beginnen. Wir werden für unsere Eltern da sein. Wir werden für sie arbeiten und ihnen Respekt zollen. Azul, wir werden es schaffen. Schau meinen Bruder an. Wir müssen keine Ärzte werden. Wir werden uns auch mit einfachen Arbeiten zufriedengeben.“

„Ayram, das hört sich gut an.“ Er küsste sie und stand auf. „Schlaf jetzt, liebe Ayram. Morgen werden wir auf verschiedene Ämter gehen und uns unser neues Leben holen. Wir werden das schaffen.“

Dann ging Azul in sein Zimmer und löschte das Licht. „Welch ein Glück habe ich, dass ich dieses Mädchen getroffen habe“, waren seine letzten Gedanken vor dem Einschlafen.

Azuls neues Leben

Am nächsten Morgen klopfte die Partnerin von Karfu an die Tür. Freundlich sagte sie etwas. Leider konnte Azul es nicht verstehen. Sicher rief sie zum Frühstück. Azul stand nach einer sehr erholsamen Nacht auf und ging ins Bad. Danach setzte er sich zu Karfu an den Tisch, der wieder reichhaltig gedeckt war. Seine Freundin richtete in der Küche noch die Eier.

„Guten Morgen, Bruder", strahlte er Azul an.

„Guten Morgen, Karfu", antwortete Azul.

„Ich habe gesehen, dass du noch bei Ayram im Zimmer warst. Wie geht es ihr?"

„Weißt du, Karfu, wir beide werden noch eine ganze Weile an diesen Erlebnissen zu knabbern haben. Ayram verlor ihr Kind, ich verlor Freunde aus meinem Dorf und sah Familien sterben. Ich denke, dass wir das zusammen schaffen werden."

Susi, die Freundin von Karfu, stellte die Eier auf den Tisch. Sie setzte sich zu uns und lächelte Azul an. Dann sagte sie etwas zu Karfu.

„Bruder, sie möchte dir sagen, dass sie mit dir fühlt. Was du erlebt hast, war schrecklich. Sie werde dir helfen, wo sie nur kann."

„Sag ihr, dass ich mich bedanke und froh bin, solche

Menschen gefunden zu haben."

Susi lächelte Karfu an und formte ein Herz mit den Händen in die Runde. Ayram schlurfte jetzt auch an den Tisch.

„So, jetzt wird gegessen", lachte Karfu.

Nach dem Frühstück machten sie sich alle für die Behördengänge bereit. Susi hatte schon die Termine vereinbart. Azul sah bei der Fahrt aus dem Fenster. Ayram schaute ihn von der Seite an. Azul nahm, ohne sie anzuschauen, ihre Hand.

„Du hast recht, Ayram, wir schaffen das zusammen. Dein Bruder ist ein Schatz. Die beiden haben sich tatsächlich ein paar Tage Urlaub genommen, um uns zu helfen, um für uns da zu sein. Ich finde das total lieb."

„Ja, Azul, er gibt sein Glück weiter. Er teilt es regelrecht. Das hat er in unserer Familie so gelernt. Auch ich habe diese Erziehung genossen. Vielleicht ist es in den afrikanischen Ländern einfach mehr ausgeprägt, für den anderen da zu sein. Nicht nur auf sich zu schauen. Wir Afrikaner waren ja regelrecht gezwungen dazu, für den anderen da zu sein. Ansonsten wären wir als Volk untergegangen. Was hätten unsere Urahnen in den Kolonialzeiten getan, wenn sie nicht füreinander gesorgt hätten."

„Da hast du wohl recht, Ayram", erwiderte Azul nachdenklich.

Neuanfang

Nachdem alle Formalitäten geklärt waren, saßen die vier im Wohnzimmer zusammen und besprachen, was jetzt als Nächstes zu tun sei. Azul wollte unbedingt arbeiten und nebenbei die deutsche Sprache lernen. Der Deutschkurs war schon gebucht. Allerdings konnte Azul aus gesetzlichen Gründen noch nicht arbeiten. Erst mussten die Behörden seinen Aufenthaltsstatus klären. Azul verstand nicht, warum er keine Arbeit annehmen durfte. Da in Teilen Burundis Unruhen zu vermelden waren, konnten Azul und Ayram auf eine dauerhafte Aufenthaltsgenehmigung hoffen. Das wäre dann die Eintrittskarte für ein neues Leben in Deutschland. Karfu hatte in der Putzkolonne in seinem Krankenhaus nach einem vorübergehenden Job angefragt. Sofort nach der Aufenthaltsgenehmigung könnten die beiden beginnen zu arbeiten. Aber Susi warnte davor, auf eine schnelle Bearbeitung zu hoffen.

„Oft dauert das Monate", gab sie zu bedenken.

Azul wollte den beiden nicht auf der Tasche liegen. Er wollte selbst etwas tun.

„Azul, du kannst mir ja gerne einen Teil dessen, was du jetzt verbrauchst, nach deinem Jobantritt zurückgeben. Ich habe da wirklich keine Probleme damit."

„Dankeschön", antwortete Azul lächelnd.

„Nachdem ihr jetzt eure Ausweispapiere erhalten habt,

könnt ihr beide auch gerne mal alleine die Stadt erkunden. Eure Monatskarte hilft euch dabei, auch die Außenbezirke von Frankfurt anzusehen. Der Grüneburgpark ist der schönste Park in Frankfurt. Dort könnt ihr gerne auch mal einen ganzen Tag verbringen."

„Das hört sich gut an", flocht Ayram ein. „Wann fängt denn der Sprachkurs an?"

„Nächste Woche am Montag könnt ihr beide in der Volkshochschule beginnen. Die Kosten werden vom deutschen Staat übernommen", antwortete Karfu.

Da Susi und Karfu inzwischen ihre Arbeit wieder aufgenommen hatten, waren Azul und Ayram auf sich alleine gestellt. Gleich am nächsten Morgen begannen die beiden, die für sie fremde Stadt zu erkunden. Zuerst wollten sie den genannten Park sehen. Da sie aber die fremde Sprache nicht beherrschten, war es schwierig, den Sinn der Schrift auf der Straßenbahn zu erkennen. Nach ein paar Fehlversuchen orientierten sich die beiden an den Zahlen, die auf den Bahnen standen. Endlich erreichten sie den Park, von dem Karfu so geschwärmt hatte. Hand in Hand liefen die beiden auf den Eingang des Parks zu. Schon jetzt konnten sie sehen, dass innerhalb des Parks künstliche Seen angelegt waren. Die beiden waren begeistert, dass man einen so schönen Park einfach so betreten konnte. Sie setzten sich auf eine Bank, die sich direkt am Ufer des Sees befand. Das Wetter war wunderschön. Ohne zu reden, genossen die beiden ihr neues Leben. Azul nahm Ayram in den Arm und dankte ihr.

„Du brauchst dich nicht zu bedanken. Du hast mir in meinen schwersten Stunden geholfen und warst für mich da. Dafür möchte ich dir danken."

Während die beiden miteinander sprachen, hörten sie eine grölende Menge durch den Park ziehen. Viele von ihnen trugen Plakate in die Höhe. Beide konnten nicht lesen, was auf diesen Plakaten geschrieben stand. Sie riefen mit hasserfüllten Gesichtern irgendwelche Parolen. Diese Menschen wurden von der Polizei begleitet. Als die grölenden Glatzköpfe an den beiden vorbeizogen, wurden sie mit Bierbechern beworfen. Einige von ihnen bauten sich bedrohlich nah vor ihnen auf. Es wurden ihnen Gesten gezeigt, die sicherlich nichts Gutes zu bedeuten hatten. Azul und Ayram beschlich eine innere Panik. Was hatten sie in diesem fremden Land verbrochen, dass man sie so anging? Als die Meute weiterzog, standen die beiden auf und verließen den Park.

Beim Abendessen sprachen die vier über diesen Vorfall, der Azul und Ayram beschäftigte.

„In Deutschland ist vieles gut. Aber es gibt auch eklige Vorkommnisse hier. Wenn man in die Geschichte dieses Landes schaut, dann bekommt man sehr schnell mit, dass es trotz des Zweiten Weltkriegs immer noch Antisemitismus und Fremdenfeindlichkeit gibt. Leider gibt es auch eine Partei, die immer mehr Menschen in diesem Land wählen. Diese Partei predigt Hass und Rassismus. Leider gibt es viele Anhänger, die diesen Rassismus unterstützen. Heute war eine Großdemo dieser Faschisten. Sie zogen auch durch den

Park, in dem sich noch andere Flüchtlinge befanden."

„Weißt du, was auf diesen Plakaten stand?" fragte Ayram.

„Auf den Plakaten steht meistens dasselbe. ‚Ausländer raus‘, ‚Deutschland den Deutschen‘, ‚Deutschland zuerst‘... Diese Faschisten sind zum Glück in der Unterzahl. Die meisten Deutschen sehen das anders. Aber diese Partei versucht, durch ihre Parolen Stimmung gegen Flüchtlinge zu machen. Dabei ist es so wichtig, dass wir in Deutschland neue Arbeitskräfte aus anderen Ländern anwerben. Doch diese Partei versucht, Stimmung gegen Menschen zu machen, die andere Kulturen haben, die einen anderen Glauben haben. Die sich anders kleiden. Am liebsten würden sie die Grenzen schließen und keine anderen Menschen mehr ins Land lassen. Sie denken national, nicht international. Leider wurden in Deutschland auch schon Flüchtlingsheime angezündet. Boote, in denen auch ihr unterwegs wart, wurden am Anlegen an einen Bootssteg gehindert. Es wurden auch schon Flüchtlingsboote von Schiffen attackiert, damit sie kenterten. In ganz Europa werden die rechten Parteien gewählt, weil sie alle keinen Multi-Kulti-Staat wollen. Dabei ist ein Zusammenwachsen der Völker gerade in unserer Zeit so wichtig. Aber das können so viele verbohrte Menschen nicht sehen. Leider greifen die Ich-Gesellschaften immer mehr um sich."

„Das heißt, wir sind hier gar nicht erwünscht?" fragte Azul.

„Von manchen Menschen sind wir hier tatsächlich nicht erwünscht. Aber wie gesagt... 80 Prozent der Deutschen sehen das differenzierter. Fairerweise muss man dazu auch sagen, dass es auch unter unseren Brüdern und Schwestern Kriminelle gibt, die unser Ansehen in Europa beschmutzen. Immer wieder hört man von Messerstechereien, die von Schwarzafrikanern begangen werden. Das wird hier von den Medien aufgenommen und von dieser ausländerfeindlichen Partei in Deutschland ausgeschlachtet."

„Das ist nicht gut. Aber die allermeisten von uns sind doch nicht so. Warum müssen wir dann alle wegen solcher Spinner leiden?"

„Weil sich mit solchen Vorkommnissen eben eine verlogene Politik machen lässt. Zum Beispiel gibt es in den USA einen reichen Mann, der mit Lügen Politik macht. Er hat eine ganze Partei hinter sich, die ihn in seinem Lügengeflecht unterstützt. Verrückterweise könnte dieser Mann sogar Präsident werden. Soweit ist es hier in Deutschland zum Glück noch nicht. Wer in der Demokratie schläft, wacht in der Diktatur auf. Dieses Zitat ist heute wichtiger denn je. Ich gehe regelmäßig auf Demos, die sich gegen diese Nazipartei wenden. Allerdings war das nicht immer ungefährlich."

„Weißt du, bei uns in Burundi darf man gar nichts gegen die Regierenden sagen. Warum benutzen die Deutschen nicht dieses Recht und gehen auf die Straßen, um gegen diese gefährliche Partei zu demonstrieren? Warum gibt es diese demokratiefeindlichen Parteien in Europa überhaupt? Wollen die Europäer wieder eine Diktatur?" fragte Ayram.

„Das ist eine gute Frage, Ayram. Die meisten sagen, dass sie mit der Regierung unzufrieden sind und wählen aus Protest die Rechten. Sie verkennen dabei die Gefahr, dass sich in manchen Bereichen die Geschichte der Deutschen wiederholen könnte. Vor vielen Jahren kam ein Mann an die Regierung, der ‚Deutschland, Deutschland über alles‘ als Motto verwendete. Innerhalb dieser rechten Partei in Deutschland gibt es ähnliche Stimmen. Sie sehen das deutsche Volk als überlegen an. Dieser Mann in den Dreißigern brachte Krieg und Vernichtung über dieses Land und die ganze Welt. Deshalb ist es gefährlich, eine Partei zu wählen, in der sich viele Faschisten befinden.“

„Aber in Deutschland geht es den Menschen doch gut. Gegen was wollen sie denn protestieren?“ fragte Azul.

„Die Menschen hier haben Angst, ihren Wohlstand zu verlieren. Und diese rechte Partei versucht, die Flüchtlinge dafür verantwortlich zu machen. Deshalb werdet ihr noch oft angefeindet. Ihr werdet beschimpft werden wie ich beschimpft wurde. Ihr werdet bespuckt werden wie ich bespuckt wurde. Deutschland ist ein wunderbares Land, und die meisten hier sind freundlich. Aber der versteckte und der offene Rassismus ist oft spürbar. Lasst euch nicht provozieren. Wenn euch jemand beschimpft, lauft einfach weiter. Mit einem Job wird vieles leichter. Lasst euch nicht von kriminellen Schwarzen verleiten. Viele von uns handeln mit Drogen, was natürlich nicht in Ordnung ist. Haltet euch an die Gesetze dieses Landes.“

„Karfu, wir werden dich nicht enttäuschen“, sagte Azul.

„Weißt du, Azul, es geht nicht darum, ob du mich enttäuschst. Es geht darum, dass ihr beweist, dass wir Schwarzen keine Messerstecher sind. Leider wird hier oft verallgemeinert. Haltet euch an die Gesetze, und ihr werdet nichts zu befürchten haben."

Susi hörte intensiv zu. Karfu hatte die undankbare Aufgabe, alles zu übersetzen. Sie berichtete, dass sie auch in ihrem Umfeld Menschen kennt, die diese rechte Partei wählen.

„Dieser Partei gelingt es immer wieder, Mitglieder und Wähler zu gewinnen. Ich kann das nicht verstehen. Natürlich argumentiere ich gegen diese Leute mit rechter Grundhaltung. Aber es ist schwer, sie umzustimmen. Scheinbar kommen diese Hasstiraden an. Wirklich erklären kann ich diesen Höhenflug nicht", sagte Susi.

Es entstand eine kurze Stille, in der jeder seinen Gedanken nachhing.

„Wenn ihr fleißig seid und die Gesetze beachtet, werdet ihr in diesem Land ankommen. Ich wollte euch mit meinem Monolog keine Angst machen. Aber es ist wichtig, dass ihr wisst, dass es auch Menschen gibt, die euch nicht wohlgesonnen sind. Lasst euch von dieser Demo heute nicht abschrecken. Die meisten Deutschen sind anders."

Als Azul und Ayram abends wieder zusammen auf dem Bett lagen, gingen ihnen noch viele Gedanken durch den Kopf.

„Denkst du auch oft an Burundi? Mir fehlen unsere Tänze, die wir in unserem Dorf genossen haben. Mir fehlt meine Familie. Ich fühle mich fremd und ungeliebt. Wenn ich dich,

Karfu und Susi nicht hätte, würde ich viel mehr weinen.“

„Mir geht es genauso, Azul. Aber wir wussten, dass wir hier fremd sind. Wir wussten, als wir in diesen Bus stiegen, dass es schwierig werden würde. Hatten wir nicht beide Angst, dass wir verhungern würden? Hatten wir nicht Angst, in den Kriegswirren umzukommen? Azul, wir haben hier eine große Chance, uns zu etablieren. Wir können hier Arbeit finden und eine Familie gründen. Diese Chance hatten wir in Burundi nicht. Deine Schwester würde noch leben, wenn sie in Deutschland geboren wäre.“

Ayram liefen die Tränen über die Wangen.

„Auch mein Kind würde noch leben, wenn wir eine andere Möglichkeit gehabt hätten, in dieses Land zu kommen. Deutschland braucht Arbeitskräfte. Das hat Karfu doch gesagt, oder? Warum konnten wir nicht einfach auf einem sicheren Schiff über das Meer kommen? Ich verstehe das einfach nicht.“

Azul nahm sie in den Arm.

„Ich kann dir darauf keine Antwort geben, Ayram. Aber ich weiß, dass ich in diesem Land bleiben und arbeiten möchte. Ich weiß, dass wir hier glücklich werden, Ayram.“

Jetzt erst merkte er, dass sie schon eingeschlafen war. Er deckte sie liebevoll zu und ging in sein Zimmer. Vorher wollte er sich noch etwas zu trinken aus dem Kühlschrank holen. Auf dem Weg in die Küche stand plötzlich Karfu hinter ihm.

„Hast du alles, was du brauchst, Bruder?" fragte er liebevoll.

„Karfu, ihr seid so lieb zu mir. Ich kann dir gar nicht genug danken."

„Ich weiß, welches Leben ihr in Burundi hattet, Bruder. Ich musste nicht miterleben, wie sich der Krieg über das Land senkte. Ich erinnere mich nur an ein paar Erlebnisse aus meiner frühen Kindheit. Aber die schönsten Momente meines Lebens erlebte ich hier in diesem Land. Ich hatte einfach nur Glück."

„Nein, Bruder, du bist klug und fleißig. Gerne wäre ich wie du."

„Azul, ich hatte Glück. Was würde ich mit meinem Intellekt anfangen, wenn sich das Tor meiner Adoptiveltern nicht aufgetan hätte? Ich hätte mich dem Krieg stellen müssen. Ein Krieg, bei dem niemand weiß, warum er überhaupt geführt wird. Ein schrecklicher Gedanke. So kann ich meiner Familie jeden Monat Geld schicken. Ich sehe sie einmal im Jahr. In meinem Urlaub gehe ich in mein Heimatland und helfe den Menschen. Das tut mir gut, auch wenn mein Engagement nur ein Tropfen auf den heißen Stein ist. Aber ich helfe gerne."

„Trotzdem vielen Dank, Karfu."

Jetzt nahm er ihn in die Arme.

„Gute Nacht, mein Bruder."

Am nächsten Morgen wachte Azul früh auf. Er hatte keine gute Nacht hinter sich, da der vergangene Tag sehr ereignisreich gewesen war. Er stieg aus dem Bett und klopfte leise bei Ayram.

„Komm ruhig rein, Azul."

Azul öffnete die Tür und legte sich neben sie.

„Du darfst ruhig unter meine Decke schlüpfen", flüsterte sie ihm ins Ohr.

Schüchtern hob Azul die Decke und drückte sich an ihren warmen Körper. Sie roch gut.

„Es ist schön, dass wir uns getroffen haben", hauchte sie.

Er sagte nichts und genoss ihre Nähe. Kurz darauf spürte er, dass sie wieder eingeschlafen war, und auch er schlief nach wenigen Minuten wieder ein.

Als die beiden hörten, dass draußen das Geschirr auf den Tisch gestellt wurde, standen sie schnell auf, um zu helfen. Sie wollten nicht bedient werden, nachdem die beiden ihnen so viel Freundlichkeit entgegengebracht hatten.

Am Frühstückstisch sprach Karfu mit Susi.

„Wir besprechen nur ein paar Alltagsdinge. Habt ihr Lust, heute Abend etwas Afrikanisches zu kochen?"

Azul und Ayram stimmten sofort zu.

„Dann würden wir euch Geld geben, damit ihr im Afrika-Shop etwas besorgen könnt. Passt das für euch?"

„Das machen wir gerne. Würdet ihr uns dann die Bedienung eurer Feuerstelle zeigen?" lachte Ayram.

Alle fingen an zu lachen. Susi sagte auf Kurundi „Gerne". Azul und Ayram schauten sich überrascht an.

„Karfu hat mir ein paar Basics beigebracht", lachte Susi. „Ab morgen werden wir Deutsch lernen, und in kurzer Zeit werde ich euch auch mit ein paar Grundlagen in eurer Sprache überraschen."

Erste Rückschläge

Als Azul und Ayram vor der Volkshochschule warteten, sahen sie, dass viele Schwarze mit ihnen warteten. Azul konnte noch nicht erkennen, ob sich junge Männer aus seinem Dorf unter den Schülern befanden. Sie standen zu weit weg, und Ayram traute sich nicht, so weit an die fremden Jungs heran. Erst als die Türen geöffnet wurden, erkannte Azul einen Jungen aus dem Nachbardorf, mit dem er sich auf dem offenen Meer hatte retten können.

„Hallo, Bruder. Wie ist es dir ergangen?" fragte Azul seinen Leidensgenossen. Sie umarmten sich.

„Hallo, Bruder. Mich haben sie in einem Heim zwei Kilometer von hier untergebracht. Mit mir schlafen fünf Männer im Zimmer. Die Menschen sind gut zu uns. Wir haben zu essen bekommen und konnten uns duschen. Uns wurden auch Kleider zur Verfügung gestellt. Sie brachten Säcke, in denen sich Hosen und T-Shirts in verschiedenen Größen befanden."

Er schaute Azul von oben bis unten an. Azul wusste genau, was er dachte.

„Und wo bist du untergekommen?"

„Ich hatte Glück. Warte einen Moment." Azul holte Ayram zu sich und stellte die beiden vor. „Das ist Ayram. Wir wohnen bei ihrem Bruder. Jetzt weiß ich nicht mal deinen Namen," sagte Azul.

„Enoc heiße ich.“

„Hallo, Enoc, ich bin Ayram,“ erwiderte sie.

„Azul, sie haben bereits die Türen geöffnet.“

Nun machten sich die drei auf den Weg in das Klassenzimmer.

Nach dem Unterricht waren die beiden total frustriert. Was war das denn für eine Sprache? Es fiel ihnen sehr schwer, die Worte auszusprechen. Kurundi war im Gegensatz zu Deutsch eine sehr leichte Sprache – zumindest empfanden sie es an diesem Tag so. Enoc versuchte auch verzweifelt, diese harte Aussprache in seinen Kopf zu bekommen, aber es gelang ihm nur schwer. Die drei verabschiedeten sich und hofften zusammen, dass sie all diese Worte bald verstehen konnten.

Auf dem Weg nach Hause unterhielten sich die beiden angeregt, ohne zu merken, dass zwei junge Männer auf sie zukamen, die ihre Köpfe rasiert hatten und Springerstiefel trugen. Einer der beiden Gestalten ging auf Azul zu und drückte ihn gegen die Wand. Er schrie ihn an und spuckte ihm ins Gesicht. Ayram versuchte, ihm zu helfen, doch der andere Glatzkopf hielt sie fest. Azul rief nach Hilfe, aber die Menschen gingen einfach vorbei. Nach einer Schimpftirade schlug der Glatzkopf ihm ins Gesicht.

„Ihr schwarzen Arschlöcher hockt in unserem Land und verschwendet unsere Steuern. Meine Oma bekommt ein paar Kröten und kommt kaum über die Runden.“ Dann schlug er Azul wieder ins Gesicht. Ayram schrie die ganze Zeit und wollte sich aus dem festen Griff ihres Peinigers befreien, doch gegen den viel stärkeren Mann hatte sie keine Chance. Die ganze Aktion dauerte etwa fünf Minuten.

Auf einmal rief eine bekannte Stimme von weiter weg etwas auf Deutsch. Die Laute kamen sehr schnell näher. Es war Karfu. Die Glatzköpfe ließen los und rannten davon, doch sie kamen nicht weit. Jemand hatte die Polizei gerufen. Die beiden Glatzköpfe wurden gefasst und in den Polizeiwagen verfrachtet. Karfu fragte Azul und Ayram, wie es ihnen gehe, aber beide konnten nicht antworten. Der Schock stand ihnen ins Gesicht geschrieben.

Einer der Polizisten kam auf die drei zu und vereinbarte eine Anhörung auf dem nahen Revier. „Sollen wir einen Krankenwagen rufen?" fragte der Polizist noch besorgt. Karfu gab die Frage an die beiden weiter. Dann verabschiedete sich der Polizist, und die drei waren allein. „Lasst uns nach Hause gehen," sagte Karfu. Azul und Ayram sprachen kein Wort.

Susi hatte bei ihrer Ankunft schon den Verbandskasten bereit. Ayram und Azul setzten sich auf die Stühle, und Susi tupfte die kleine Platzwunde an Azuls Gesicht ab. Karfu sah sofort, dass dies nicht im Krankenhaus behandelt werden musste. Azuls rechte Augenbraue schwoll etwas an, aber nachdem Karfu die Gesichtsknochen abgetastet hatte, war er sich sicher, dass nichts gebrochen war. Keiner am Tisch war in der Lage, etwas zu sagen.

„Woher wusstest du, dass wir dich brauchen?" fragte Ayram Karfu.

„Ich wollte für heute Abend noch etwas einkaufen für unseren afrikanischen Abend. Das lag auf eurem Heimweg. Es war purer Zufall, dass ich dich rufen hörte."

Wieder lag eine drückende Stille im Raum. Susi schlug vor, dass sie vier Pizzen bestellen würde. Nachdem keine Antwort kam, ging sie ans Telefon und rief den Pizzamann an.

Azul und Ayram zogen sich in ihr Zimmer zurück.

„Warum tun die sowas?" weinte Ayram. „Was sind das für Leute?" Ayram nahm liebevoll Azuls Kopf in beide Hände und schaute sich sein Gesicht an.

„Wie geht es dir?"

„Es geht mir gut. Zum Glück ist nichts gebrochen."

Dann legten sich die beiden auf das Bett und schwiegen zusammen. Azul nahm ihre Hand und streichelte sie.

„Meinst du, wir haben das Richtige getan? Das war doch blanker Hass, oder? Die beiden waren doch drauf wie die im Park. Haben wir da eine Chance, friedlich zu leben?"

Azul konnte gerade nicht antworten. Ayram hatte recht. Auch bei ihm kamen Zweifel auf. Mitten in seinen Gedankenstürmen klingelte es an der Tür. Die Pizza war da. Eigentlich hatten die beiden keinen Hunger, aber die Höflichkeit gebot es, nach draußen zu gehen.

Susi und Karfu saßen bereits am Tisch.

„Setzt euch zu uns," sagte Karfu traurig.

Als die beiden saßen, sprach Karfu weiter: „Es tut uns so unendlich leid, dass ihr in den ersten Tagen in Deutschland so etwas erleben musstet. Ich habe so etwas noch nicht hinter mir. Solche Faschisten gibt es in Deutschland viele. Aber glaubt mir … die meisten Deutschen sind anders. Mir wird im Krankenhaus zumeist Respekt entgegengebracht, obwohl ich schwarz bin.“

Azul und Ayram aßen und konnten nicht antworten.

„Morgen Nachmittag müssen wir drei zum Polizeiposten in der Südstadt. Ich hole euch von der Sprachschule ab.“

„Was wollen die denn von uns?“ fragte Ayram unsicher.

„Ihr müsst die beiden identifizieren. Das ist in Deutschland so. Danach werden sie wegen Körperverletzung angeklagt. Wir müssen aber erst Anzeige erstatten.“

„Wir müssen Anzeige erstatten?“ fragte Azul.

„Ja, unser Rechtsstaat ist so aufgebaut, dass erst nach einer Anzeige eine Anklage eingereicht werden kann.“

„Was passiert dann mit denen?“ fragte Ayram.

„Sie werden zu einer Geldstrafe oder einer Haftstrafe verurteilt.“

„Was ist mit unserem afrikanischen Abend?“ fragte Susi.

Ayram wurde wieder etwas munter.

„Den können wir gerne morgen nachholen. Was meinst du dazu, Azul?“

„Na ja, bis morgen wird meine Wut und meine Angst etwas

verflogen sein. Aber diesmal werden wir euch verwöhnen."

Die Stimmung wurde nun merklich besser.

„Gut, dann werden wir die Utensilien nach dem Besuch bei der Polizeidienststelle besorgen. Wenn ihr ein afrikanisches Kochbuch braucht, dann könnt ihr es gerne aus unserem Bücherregal holen."

„Danke, Karfu. Ich habe die Rezepte unserer Mutter im Kopf," erwiderte Ayram.

„Was haltet ihr davon, wenn wir heute Abend ein schönes Video zusammen anschauen? Wir haben einen deutschen Film mit Kurundi-Untertiteln besorgt. Habt ihr Lust?"

Azul und Ayram schauten sich an und stimmten zu.

Der Abend wurde trotz der schlimmen Vorkommnisse doch noch ganz schön.

Nachdem sich Azul und Ayram bettfertig gemacht hatten, schlüpfte Azul noch ein wenig zu ihr ins Bett.

„Wie geht es dir, Azul?"

„Mein Auge und mein Arm schmerzen noch etwas. Aber es ist okay. Aber mein Gedankenkarussell hört nicht auf, sich zu drehen. Warum werden wir Schwarze in Europa attackiert? Wir sind doch auch Menschen wie die Weißen auch. Kannst du das verstehen?"

„Ich kann auch nicht glauben, was heute passiert ist. Vielleicht haben die Menschen Angst, dass wir ihnen etwas wegnehmen. Karfu hat ja letztens solch eine These in den

Raum gestellt. Vielleicht ist es unsere Kultur, die sie abstößt. Eventuell liegt es ja an den Wurzeln der Kolonialgesellschaften in den letzten Jahrhunderten."

Ayram schaute immerzu an die Decke.

„Vielleicht lassen sie sich auch aufhetzen von dieser Partei, von der Karfu sprach. Azul, ich weiß es einfach nicht. Ich weiß nur, dass wir Schwarze in diesem Land zusammenhalten müssen, um gerade in den ersten Monaten zu überleben. Heute Nachmittag war ich kurz am Überlegen, ob ich nicht das nächste Flugzeug nehme und zurückfliege nach Burundi. Wenn man das Gefühl hat, nicht willkommen zu sein und wie wir Gewalt erleben müssen, dann fühlt man sich nicht wohl in seiner Haut."

„Ich weiß genau, was du meinst. Ich empfinde das genauso. Wir werden mit solchen Vorkommnissen in unserer Würde verletzt. Wir wollen doch arbeiten. Wir wollen doch auch etwas für dieses Land tun. Wir wollen uns doch auch einbringen. Woher kommt dann dieser Hass? Mir fehlen unsere Tänze, Ayram. Mir fehlen unsere Rituale, die wir von unseren Eltern gelernt haben. Mir fehlt gerade alles, was wir in unserem Dorf als selbstverständlich erachtet haben. Unser Leben war hart. Aber wir wurden geliebt und geachtet," erwiderte Azul.

„Vielleicht sollten wir ein wenig Geduld haben, Azul. Vielleicht sollten wir den Menschen da draußen beweisen, dass wir arbeiten wollen und arbeiten können. Ich werde morgen mit den Glatzköpfen sprechen."

„Das möchtest du nicht wirklich tun?" fragte Azul.

„Doch, das werde ich tun. Karfu wird mir sicher übersetzen. Vielleicht kann Susi morgen auch dabei sein. Beim Frühstück werde ich die beiden fragen."

Am nächsten Tag standen die beiden früher auf und deckten den Tisch. Karfu und Susi kamen aus dem Bad und freuten sich, dass sie sich gleich an den Tisch setzen konnten. Noch bevor die beiden einen Bissen gegessen hatten, sprudelte es aus Ayram heraus.

„Susi, würdest du heute zum Polizeiposten mitkommen?"

„Gerne. Aber warum möchtest du mich dort dabeihaben?"

„Ich möchte die beiden Glatzköpfe fragen, warum sie das getan haben."

Susi schaute flehend zu Karfu.

„Das finde ich sehr löblich," fing Karfu seinen Monolog an. „Aber diese Nazis sind keine guten Menschen. Sie werden dir gar nicht zuhören und ihre dumpfen Parolen raushauen."

„Ich möchte es trotzdem versuchen, Karfu. Bitte helft mir dabei."

Karfu schaute Susi lange an.

„Wie denkst du darüber, Schatz?"

„Was kann daran falsch sein?" fragte Susi in die Runde.

„Wir werden euch heute Abend gemeinsam abholen. Jetzt

bringe ich euch aber zuerst in die Schule, ihr Lieben."

Im Klassenraum sahen sie auch Enoc wieder. Er kam auf die beiden zu und fragte, was denn tags zuvor los gewesen war.

„Woher weißt du, Bruder?" fragte Azul.

„Einer unserer Mitschüler war in der Nähe des Tatorts. Das Polizeiauto fuhr direkt an ihm vorbei. Ein paar Meter weiter sahen wir die Nazis, die auf dich einschlugen. Er wollte euch schon zu Hilfe eilen. Aber dann kam ein anderer Schwarzer, der die Situation klärte. Danach waren auch schon die Polizisten da. Dein Auge ist ja noch ganz geschwollen."

„Danke, es geht schon wieder. Heute Abend werden wir die Glatzköpfe anzeigen. Bevor aber wieder der Unterricht beginnt, möchte ich gerne wissen, wie es dir geht. Wo ist dieses Heim, in dem du untergebracht bist? Wir würden dich gerne einmal besuchen."

Bei dem letzten Satz schaute er Ayram an und sah sie nicken.

„Das können wir gerne tun, Azul. Aber erwarte nicht zu viel. Du wirst nicht begeistert sein."

Dann drehte sich Enoc um und sah, dass die Klassenräume geöffnet wurden. Die drei machten sich wortlos auf den Weg. Alle drei hatten ein wenig Angst, dass sie den Stoff wieder nicht verstehen würden.

Am Abend konnten die drei „guten Abend, guten Morgen, guten Tag und Danke" fehlerlos aussprechen. Die Zahlen von eins bis zehn gingen ihnen auch schon ganz gut über die Lippen.

Karfu und Susi warteten zur vereinbarten Uhrzeit vor dem schmucklosen Gebäude. Azul und Ayram stiegen ein und sagten auf Deutsch:

„Guten Abend."

Susi und Karfu klatschten spontan Applaus. „Hey, ihr macht ja richtig Fortschritte."

Alle vier lachten befreit auf. Die Polizeistation war keine zehn Minuten entfernt. Azul war verwundert; ein sprechendes Gerät zeigte Karfu den Weg. Azul wollte gleich nach dem unangenehmen Gespräch bei der Polizei Karfu darauf ansprechen, woher die Dame im Lautsprecher wusste, wo sich der Polizeiposten befand.

Karfu fand einen Parkplatz direkt vor dem großen Gebäude. „Bevor wir jetzt da reingehen, möchte ich euch noch ein paar Tipps geben. Ihr werdet die Kerle sehen, und sie werden nicht freundlich zu euch sein. Habt keine Angst und seid stark. Die Polizisten werden euch fragen, ob diese Männer euch überfallen haben. Sie wissen genau, welche Männer es waren. Aber ihr werdet trotzdem gefragt werden. Danach werden wir Anzeige erstatten. Bei all diesen Vorgängen werden wir bei euch sein. Wir werden mit euch stark sein. Also keine Angst."

Jetzt stiegen die vier aus und gingen auf den Eingang zu. Überall liefen Polizisten umher. Aus einem soeben geparkten Polizeiauto wurde ein Obdachloser gezogen, der scheinbar nicht mehr nüchtern war.

„Lasst mich los, ihr Schweine. Der hat doch angefangen,

mich zu schlagen."

Die beiden Polizisten ließen sich nicht beirren und führten ihn in das Polizeigebäude. Azul schaute dem Vorgang etwas ängstlich zu.

„Alles gut," flüsterte Karfu ihm zu.

Dann setzten sich die vier auf eine Holzbank, die sich im Eingangsbereich auf der rechten Seite befand. Nach wenigen Minuten kam eine Polizistin auf die vier zu und bat das Quartett in einen Raum, der sich am Ende des großen Flurs befand. Rechts und links waren Räume, in die man durch große Glasfronten schauen konnte. In einem der Büros saß der wohnungslose Mann, der wild gestikulierend vor zwei Polizisten saß. Als die vier an dem besagten Raum angekommen waren, öffnete die Polizistin die Tür. „Bitte setzen Sie sich."

Es waren schon fünf Stühle gerichtet. Als alle saßen, sprach die Polizistin weiter.

„Sie sehen hier eine große Glasscheibe, hinter der sich die beiden Personen befinden, die Sie mutmaßlich angegriffen haben. Sie können uns nicht sehen. Wir aber können sie sehen."

Dann drückte sie auf einen Knopf. Vier missmutige Männer standen hinter der beschriebenen Glasscheibe. Azul und Ayram konnten die beiden natürlich sofort identifizieren. Diese beiden Gesichter würden sie wohl nie vergessen. Danach drückte die Polizistin wieder einen Knopf, und die Glatzköpfe verschwanden wieder.

„Bitte folgen Sie mir, damit wir die Anzeige aufnehmen können.“

Dann gingen die vier in ein anderes Büro, wo eine Kollegin schon am PC saß und anfing, Fragen zu stellen. Als die beiden dann ihre Unterschrift unter die Anzeige gesetzt hatten, wurden sie von der Polizistin verabschiedet. Die vier fanden sich wieder auf dem bekannten Flur. Die zwei Glatzköpfe saßen inzwischen in einem der zahlreichen Büros. Sie wurden scheinbar von drei Polizisten verhört. „Können wir uns wieder auf die Bank setzen?“ fragte Ayram die anderen drei.

„Möchtest du das jetzt wirklich durchziehen?“ fragte Karfu.

„Ja, ich möchte den beiden einfach einmal meine Gründe darlegen, warum ich hier bin. Was mich dazu veranlasst hat, diesen gefährlichen Weg nach Europa zu wählen.“

Einer der diensthabenden Polizisten kam auf die drei zu und fragte, ob er noch irgendetwas tun kann. Karfu übermittelte dem Polizisten den Wunsch von Ayram. Völlig verdutzt schaute der Polizist sie an.

„Das ist sehr ungewöhnlich. Ich werde mit meinem Vorgesetzten sprechen.“

Dann verschwand er wieder. Nach wenigen Minuten wurden die vier dann wieder in ein anderes Büro geführt. Nach einer freundlichen Begrüßung fing der korpulente Polizist, der keine Uniform trug, an, einen Monolog zu halten:

„Ich muss Ihnen sagen, dass ich so etwas in meinen 35

Dienstjahren noch nicht erlebt habe. Ehrlich gesagt weiß ich auch nicht recht, was ich davon halten soll, warum ein Opfer, das sich erst kurze Zeit in Deutschland befindet, mit solchen Schlägern auseinandersetzen möchte. Aber ich habe mich entschieden, dass ich dieses Experiment unterstütze. Bitte haben Sie nicht allzu große Hoffnungen, dass sich durch Ihr Vorgehen irgendetwas ändert. Wir werden die beiden, die sich noch in unserem Gebäude befinden, in dieses Zimmer bringen lassen. Es wird noch ein zusätzlicher Polizist in diesem Raum sein, um Sie im Falle eines Falles zu schützen. Sind Sie damit einverstanden?"

„Ja, ich bin damit einverstanden" sagte Ayram, nachdem Karfu ihr alles übersetzt hatte.

Dann verließ der korpulente Mann das Zimmer. Nach weiteren zehn Minuten kam er in Begleitung eines Kollegen und den beiden Glatzköpfen zurück. Es dauerte seine Zeit, bis alle Platz genommen hatten.

„Die Dame möchte mit Ihnen beiden sprechen." sagte er etwas streng. Dann schaute er Karfu an und nickte Ayram zu.

„Ich weiß nicht, was Sie dazu veranlasste uns zu schlagen."

Sie spürte, wie ihre Stimme nach innen ging.

„Wissen Sie, wir beide sind Menschen aus einem anderen Land."

Der größere der beiden Glatzköpfe schaute auf den Boden. Der andere schaute ihr hasserfüllt und provokativ in die Augen.

„Wir kommen aus einem Land, in dem die Pflanzen verdorren. Wir kommen aus einem Land, in dem man wegen einem harmlosen Virus stirbt. Wir kommen aus einem Land, in dem Krieg herrscht. Ich habe bei der Überfahrt mein Kind verloren. Es war erst fünf Jahre alt. Wir beide sahen zu, wie Dutzende von Brüdern und Schwestern starben. Wir wollten einfach nicht sterben. Wir wollten leben. Deshalb haben wir uns auf diesen langen Weg gemacht. Ich befinde mich immer noch in tiefer Trauer um mein Kind und die vielen Menschen, die ich sterben sah. Wir sind nicht da, um diesem Land Schaden zuzufügen. Schauen Sie. Das ist mein Bruder. Er rettet jeden Tag Leben. Weißes Leben und schwarzes Leben. Er ist ein erfolgreicher Arzt. Was in Allahs Namen macht denn diese Hautfarbe aus?“

Ayram stand auf und streckte ihre Hand aus.

„Erklären Sie mir das bitte.“

Ayram musste eine Pause machen, denn ihr liefen die Tränen über die Wangen.

„Mein Bruder fragte nie nach der Hautfarbe. Er war für alle da und half jedem. Wir haben uns bei den Behörden gemeldet und warten nun auf Arbeit. Wir würden jede Arbeit machen. Wir würden uns nicht scheuen, Straßen zu reinigen. Wir wollen diesem Land nicht auf der Tasche liegen. Wir wollen nur eines. Eine faire Chance. Haben wir das nicht verdient? Sagen Sie mir! Haben wir das nicht verdient?“

Der eine Glatzkopf schaute immer noch auf den Boden. Es

war so still im Raum, dass man eine Stecknadel hätte fallen hören.

„Bedenken Sie bitte, dass wir in Burundi nichts zu diesem Klimawandel beigetragen haben. Aber wir sind die Leidtragenden. Ganz Afrika liegt bei vier Prozent der weltweit ausgestoßenen Emissionen. Und trotzdem trifft es unseren Kontinent am stärksten. Finden Sie das gerecht? Bei uns sterben im Verhältnis die meisten Menschen an den Folgen dieser weltweiten Klimakrise, obwohl sie der Westen mit seiner dekadenten Art und Weise verursacht hat. Finden Sie das gerecht? Und wenn wir aus dieser von uns unverschuldeten Not dann in die westlichen Länder flüchten müssen, werden wir von Leuten wie Ihnen bespuckt und geschlagen. Finden Sie das gerecht?"

Der Glatzkopf mit dem hasserfüllten Blick schrie dazwischen mit folgenden Worten:

„Ihr kostet uns doch nur unser Geld und arbeitet nichts. Ich muss mit meiner Hände Arbeit euch faules Pack unterstützen!"

Ayram blieb ruhig in ihrer Argumentation.

„Wo kommen denn die Rohstoffe her, die ihr im Westen verarbeitet und für teures Geld verkauft? Wie viele Schwarze arbeiten denn für euch im Westen? Wie viele unserer Vorfahren haben denn für euch im Industriezeitalter für Gottesbrot gearbeitet? Wir sind in dieses Land gekommen, um zu arbeiten. Wir wollen einfach nur ein paar Krümel von dem Kuchen abhaben, die ihr uns schon Jahrhunderte vorenthalten habt. Wir sind fleißige und ehrbare Menschen und wollen arbeiten, wenn euer Staat uns lässt. Azul und ich waren schon bei den Behörden. Ich weiß, dass manche Menschen unser Schicksal nicht kümmert. Aber auch die Rechten in eurem Staat haben von unseren Rohstoffen partizipiert."

Der Glatzkopf, der die ganze Zeit auf den Boden schaute, hob nun seinen Kopf.

„Woher weißt du das alles?"

„Mein Bruder, der die ganze Zeit übersetzt, hat uns regelmäßig Geld geschickt und Bücher, die auf Kurundi übersetzt waren. Ich kenne die Geschichte von euch Deutschen. Deshalb kann ich es auch nicht verstehen, dass so eine Nazipartei bei euch im Parlament sitzt. Und Leute wie Sie unterstützen diese Schergen noch."

Inzwischen schauten beide Glatzköpfe auf den Boden. Ayram ließ bewusst die folgende Stille im Raum wirken.

„Ich würde sagen, dass Sie nun genug Zeit hatten, Ihre Position darzulegen. Ich möchte die beiden Herren nun bitten, mir wieder in unseren Verhörraum zu folgen."

Der korpulente Mann stand auf, und die beiden Glatzköpfe folgten ihm.

„Wahnsinn," rief Karfu Ayram entgegen.

„Unglaublich," flüsterte Azul vor sich hin.

Susi war auch ganz begeistert und sprach davon, diese Geschichte und die Worte von Ayram öffentlich zu machen.

Sie war selbst Reporterin bei einer ansässigen Zeitung. „Wir haben schon eingekauft für unseren afrikanischen Abend."

Sie hatten das Gebäude schon verlassen, als einer der Polizisten den Vieren hinterherlief und einen Zettel in der Hand hielt.

„Einer der beiden wollte Ihnen seine Telefonnummer hinterlassen."

Karfu überlegte kurz, ob es eine gute Idee wäre, mit diesem Rechtsradikalen Kontakt aufzunehmen. Doch dann nahm er die Telefonnummern an sich.

Ideen

„Das war einfach mal ein wunderbares Essen. Vielen Dank euch beiden" strahlte Karfu.

Ayram und Azul spürte man an, wie stolz sie waren.

„Wenn ich ehrlich bin, hat eigentlich Ayram gekocht. Ich habe ihr nur geholfen," sagte Azul.

„Ach, jetzt hör auf" lachte Ayram. „Ohne dich hätte ich doppelt so lange gebraucht."

Dann sprachen sie über die Schule und die Mitschüler dort, die in Heimen untergebracht waren.

„Enoc, so heißt einer unserer Klassenkameraden, kommt aus einem Nachbardorf von mir. Er erzählte uns, dass es innerhalb des Heims immer wieder zu Spannungen kommen würde. Es sind dort eben Menschen untergebracht, die schon Monate und Jahre auf eine Arbeitserlaubnis warten. Ich könnte auch nicht solange rumsitzen und nichts tun. Ich verstehe auch nicht, warum das so lange dauert. Überall hört man doch, dass Arbeiter gebraucht werden."

„Eines der größten Probleme in diesem Land ist die Bürokratie. Es dauert ganz einfach zu lange, bis Entscheidungen getroffen werden. So werden unnötig Spannungen in den Flüchtlingsheimen aufgebaut. Ich hoffe, dass es bei euch nicht so lange dauert, bis alles in trockenen Tüchern ist."

„Ich möchte aber noch einmal auf den heutigen Nachmittag bei der Polizei zu sprechen kommen. Zuerst, liebe Schwester, möchte ich dir noch einmal gratulieren zu deinem unglaublichen Monolog. Ich denke, du hast die beiden zum Nachdenken gebracht."

„Susi und ich haben uns vorhin während eurem Frischmachen über eine Veröffentlichung dieses Vorfalls unterhalten. Wenn es für euch passt, würde Susi mit ihrem Chefredakteur sprechen, ob sie das in der Kolumne unterbringen könnte. Wie steht ihr beiden dazu?"

„Was würde es bringen?" fragte Ayram mutlos.

„Es würde Menschen zum Nachdenken anregen. Im besten Falle würde die Nazi-Partei weniger Stimmen bekommen. Menschen könnten ein anderes Weltbild bekommen. Ayram, ich weiß nicht, ob du bemerkt hast, dass die beiden nachdenklich wurden. Du hast diese Schläger zum Nachdenken gebracht. Warum sollten wir in unserer Kolumne nicht dasselbe in der Masse erreichen? Lass es uns doch versuchen."

„Lasst mir bitte ein paar Tage Zeit, über alles nachzudenken. Ich habe in den Wochen, in denen ich jetzt in Deutschland bin, so vieles erlebt."

„Natürlich lassen wir dir Zeit. Bitte lass in deine Überlegungen mit einfließen, dass die meisten Menschen gar nicht wissen oder wissen wollen, was sich in eurem Leben schon abgespielt hat. Warum dass ihr Afrikaner gezwungen seid, über den großen Teich zu kommen. Auch die schlimme Geschichte mit deiner Tochter, die sich sicherlich schon tausendmal so abgespielt hat. Durch dich könnten so viele Menschen neue Ansätze kennen lernen und Empathie entwickeln."

„Danke, dass ihr so für uns da seid, Susi." Ayram stand auf und nahm Susi in den Arm. „Ihr seid ein Geschenk."

Umdenken

Am nächsten Morgen in der Schule wurde in erster Linie über Ayram gesprochen. Enoc überschlug sich fast über den Mut von ihr. Die Frauen waren in Burundi in der Regel nicht so taff. Ganz im Gegenteil. Sie waren in den meisten Fällen gesellschaftlich in zweiter Reihe unterwegs. Ayram war wirklich in aller Munde. Ihr war es fast etwas peinlich. Aber wenn sie etwas für afrikanische Menschen tun konnte, dann wollte sie es tun.

Am Abend holte Karfu die beiden wie schon so oft am Eingang der Schule ab. Azul und Ayram waren gut gelaunt, da sie endlich verschiedene Sätze auf Deutsch sagen konnten.

Karfu fragte die beiden, ob sie am Abend nicht zum Essen in einem Restaurant dabei sein wollten. Susi hatte schon vier Plätze in einem guten Restaurant reserviert.

Die beiden waren natürlich einverstanden.

Susi saß schon in diesem Edelschuppen auf der angrenzenden Terrasse.

„Setzt euch bitte," sagte Susi und stand auf, um die beiden mit einer Umarmung zu begrüßen. „Ich habe gute Nachrichten." Sie strahlte über das ganze Gesicht.

Als alle saßen, nahm jeder die Speisekarte in die Hand.

„Ja sag schon," drängte Ayram mit einem Lächeln im Gesicht.

„Jetzt sucht ihr erst mal euer Lieblingsessen aus und dann bestellen wir. Es gibt echt etwas zu feiern."

Azul und Ayram versuchten sich an der Speisekarte. Karfu übersetzte die einzelnen Speiseangebote.

Als der Ober endlich da war und die Bestellungen aufgenommen hatte, war Susi ihre Anspannung anzumerken.

„Also, ihr lieben. Als allererstes möchte ich dich, Ayram, fragen, ob du bezüglich der Kolumne schon zu einem Ergebnis gekommen bist."

„Ja, das bin ich. Wenn es gut ist für mein Land, dann möchte ich auf den Vorschlag eingehen."

„Wie sieht es mit dir aus, Azul?" Er erschrak fast ein wenig, als Susi ihn ansprach.

„Was sollte ich dazu beitragen? Es ist doch Sache von Ayram, diese Geschichte mit den Glatzköpfen zu Ende zu bringen."

„Da hast du zwar einerseits recht, aber ihr beide gehört doch zusammen. Oder deute ich eure Nähe, die ihr inzwischen miteinander habt, falsch?"

Azul wurde ganz unwohl in seiner Haut.

Er schaute Ayram an. Sie grinste mit ihren herrlichen Zähnen übers ganze Gesicht.

„Azul, ich glaube, sie hat recht, oder?"

Die ganze Zeit sprachen sie eigentlich nie darüber, was sie für einander empfanden. Sie genossen es einfach, wenn sie sich gegenseitig Kraft geben konnten.

„Susi, du hast recht. Wir beide freuen uns aneinander."

„Könnt ihr Euch vorstellen, eine fortlaufende Geschichte für unsere Zeitung zu schreiben? Natürlich mit mir zusammen. In dieser Kolumne wird euer Lebenslauf und euer persönliches Weiterkommen erscheinen. Auch die Sache mit den Glatzköpfen wird da ein Thema sein. Auch alles, was ihr bisher in Deutschland erlebt habt. Die Kolumne würde dann über Monate oder sogar Jahre in unserer Zeitung erscheinen. Je nachdem, was die Leser dazu sagen."

„Würden wir für die Offenlegung unseres Lebens ein wenig Geld bekommen?"

„Wir würden so schnell wie möglich einen Vertrag zwischen Euch und meiner Zeitung aufsetzen und dann könnte es ab dem nächsten Monat losgehen."

Azul wurde es ganz komisch.

„Das heißt, wir könnten schon ab dem nächsten Monat ein wenig Geld nach Burundi schicken?"

„Susi musste inzwischen mit den Tränen kämpfen. Azul, ihr Beide könnt einiges an Geld nach Burundi schicken. Wenn das alles so klappt, wie ich mir das vorstelle, dann wird die Auflage durch eure Lebensgeschichte höher werden."

„Was bedeutet das denn?" fragte Ayram.

„Das würde bedeuten, dass das Geld, was euch im Vertrag zugesichert wird, durch die Verkaufszahlen untermauert wäre."

Azul konnte sein Glück nicht fassen.

„Unsere Eltern werden sich freuen. Sie werden stolz auf uns sein.“

„Darf ich Ihnen den Teller reichen?“ fragte die Bedienung.

Nachdem das Essen auf dem Tisch stand, war zuerst einmal Ruhe.

„Ich würde sagen, dass wir jetzt erst mal unseren Hunger stillen,“ meinte Karfu.

„Azul, wir sollten so schnell wie möglich Deutsch lernen,“ lachte Ayram.

„Ich habe nur Hunger stillen verstanden,“ grinste Azul.

„Das reicht auch,“ grinste Azul.

Vertrag

Am Abend lagen die beiden wieder in ihrem Bett und versuchten, sich über die Folgen ihrer Entscheidung klarzuwerden. Sie konnten ihr Glück immer noch nicht fassen.

„Haben wir die richtige Entscheidung getroffen, Azul? Sollten wir vor der Unterschrift noch mit unseren Eltern reden?"

„Du weißt, dass sich das schwierig gestalten würde. Sie müssten für dieses Telefonat in die nächste Stadt, die ziemlich weit weg von unserem Dorf ist. Ayram, wir tun ja nichts Böses. Wir berichten von den Lebensumständen in unserem Land. Wir berichten davon, dass Menschen wegen dieses Klimawandels sterben. Wir berichten von unserem Leben und den Umständen, die uns hierherbrachten. Wir machen Menschen darauf aufmerksam, dass die Dürre in Afrika immer schlimmer wird und Menschen verdursten und verhungern. Wir tun doch etwas Gutes, oder?"

„Du hast recht, Azul. Wir tun etwas Gutes. Ich kann es einfach noch nicht glauben. Ich weiß noch, wie diese Jesidin von heute auf morgen bekannt wurde. Sie hat sogar ein Buch über die Vorkommnisse im Zusammenhang mit dem IS geschrieben. Mein Bruder hat zu dieser Zeit einige Zeitungsberichte geschickt. Sie hat wirklich etwas erreicht mit diesem Buch und den Interviews, die sie den Zeitungen gab. Jetzt haben wir die Chance, etwas für unser Land zu tun.“

„Dann lass es uns angehen, Ayram!“

„Ist das nicht etwas zu viel für die beiden?“

Karfu und Susi lagen zusammen in ihrem großen Bett. Susi wollte schon immer so eine große Liegefläche zum Schlafen. Sie liebte es, mit ihrem Lebensgefährten zu kuscheln und diesen Platz auch für andere schöne Dinge zu nutzen.

„Nein, Karfu, ich glaube es nicht. Die beiden sind wie gemacht für diese Kolumne. Sie sind beide starke Persönlichkeiten und haben etwas zu erzählen. Sie sind intelligent und wollen etwas für ihr Land tun. Es wird höchste Zeit, dass man den Nazis im Parlament zeigt, dass Afrikaner nicht nur Messerstecher sind. Und vor allem den Deutschen sollte man vor Augen halten, dass sie Menschen wie du und ich sind. Es kann doch nicht sein, dass diese Partei ihre Parolen ohne jeglichen Widerstand verbreiten kann. Die beiden könnten Erfolg haben im Kampf gegen Vorurteile. Im Kampf gegen Rassisten. Im Kampf gegen diese Glatzköpfe. Ach übrigens, wir sollten bei denen mal anrufen. Vielleicht haben sie ja über das Gesagte von Ayram nachgedacht.“

„So, du altes Plappermäulchen, jetzt wird aber das Licht ausgemacht. Ich bin müde und morgen ist die Nacht um.“

„Gute Nacht, mein Schatz. Ich habe ein sehr gutes Gefühl bei der Sache.“

Eine Woche später saßen die vier in einem Büro der größten

Zeitung in Frankfurt. Ein schlanker, großer Mann, der Chefredakteur und Chef von Susi war, lachte fröhlich in die Runde.

„Susi, ich habe hier den Vertrag liegen. Wir haben ja schon darüber gesprochen, dass ihr beide gewissermaßen als Bürge mitunterschreibt.“

„Das ist für uns in Ordnung,“ antwortete Karfu.

„Sie beide werden in diesem Vertrag verpflichtet, mit Susi zusammen über Ihren Lebensweg und die alltäglichen Dinge, die sich in Ihrem Leben in Deutschland ereignen, zu schreiben. Susi wird Sie täglich begleiten. Ich möchte gerne, dass Sie täglich zwei Stunden vor Redaktionsschluss hier erscheinen und mit uns die nächste Kolumne besprechen. Wir als Zeitung haben natürlich Interesse, dass durch diese Kolumne die Auflage steigt. Sie werden besser bezahlt, wenn die Auflage steigt. Sie werden weniger Geld bekommen, wenn die Auflage sinkt. So, jetzt habe ich genug geredet. Bitte schauen Sie sich zusammen den Vertrag an. Ich werde für zehn Minuten den Raum verlassen.“

Karfu nahm das Dokument in seine Hände. Azul sah, dass er etwas zitterte. Zusammen schauten sie sich den Vertrag an. Als sie zur Spalte Gehalt kamen, stockte Susi und Karfu der Atem. Eine hohe vierstellige Summe sollten die vier im Monat bekommen. Susi konnte es nicht glauben.

„Warum setzen die das Gehalt so hoch an?“

„Das machen die, weil sie wissen, dass die Konkurrenz groß ist. Wenn die Auflage durch die Decke geht, dann stehen andere Zeitungen bei uns auf der Matte."

„Wir wollen aber, dass ihr beide einen gerechten Teil von dieser hohen Summe bekommt," sagte Azul.

„Jetzt hört mal genau zu, ihr beiden. Es ist eure Lebensgeschichte, es ist euer Leben und es ist euer Land. Wenn ihr uns etwas geben wollt, dann gebt uns eure Liebe. Wir beide verdienen gutes Geld und haben alles, was wir brauchen. Eure Eltern, eure Brüder und Schwestern, die in eurem Dorf leben, werden es notwendiger brauchen als wir. Wir geben nur etwas zurück von dem, was wir empfangen haben. Wir hatten Glück, ihr Lieben. Und wir freuen uns, euch auf dem Weg, den ihr jetzt beschreitet, zu begleiten."

„Danke, Bruder, ihr seid ein Geschenk Allahs."

Dann fing Azul an zu weinen. Jetzt standen die beiden anderen auf. So lagen sie sich zu viert in den Armen und freuten sich auf die vor ihnen liegende Zeit. Als der Chef von Susi den Raum wieder betrat, waren vier Unterschriften auf der letzten Seite des Vertrages zu erkennen.

Empathie

Nach dem ersten Erscheinen der Kolumne war schon klar, dass diese Geschichte einen riesigen Wirbel machen würde. Die Zeitung hatte schon vorher angekündigt, über Azul und Ayram zu berichten. In der ersten Ausgabe wurde zuerst über das Leben der Einwohner von Burundi im Gesamten berichtet. Susi versuchte, die Leser nach und nach darüber zu informieren, wie so ein großes Land eine der ärmsten Regionen der Welt werden konnte. Sie recherchierte sehr penibel darüber, was dieses Volk zu tragen hatte, nachdem die beiden letzten Kriege über das Land gezogen waren. Susi war sehr gespannt, wie sich alles weiter entwickeln würde.

Azul und Ayram lernten schnell. So wie sie am Anfang große Probleme mit der für sie so schweren Sprache hatten, so schnell und unproblematisch wurde das Lernen jetzt. Jeden Abend wurde bei Karfu zu Hause Deutsch gesprochen. Ayram war es sehr wichtig, das Geschriebene in der Kolumne zu verstehen. Auch die wöchentliche Besprechung mit dem Chefredakteur half den beiden sehr. Sie konnten inzwischen allein einkaufen und sich auch mit den Behörden auseinandersetzen. Karfu und Susi wurden nur noch wenig im Alltag von Azul und Ayram gebraucht.

Eines Abends am Esstisch fragte Karfu die beiden, ob sie schon mit den Glatzköpfen Kontakt aufgenommen hätten. Er legte die Telefonnummer auf den Tisch. Azul und Ayram schauten sich an. Schon oft hatten sie über dieses Thema geredet. Doch bisher überwog die Angst. Aber vielleicht hatte Ayram ja etwas bewirkt bei den beiden. Vielleicht sollten sie es doch versuchen, die Glatzköpfe zu erreichen. Karfu schlug vor, dass man sich an einem belebten Ort treffen könnte. Natürlich wollten Susi und Karfu dabei sein.

Abends, als Azul und Ayram zusammen auf ihrem Bett lagen, besprachen sie dieses Thema nochmals ausführlich.

„Azul, vielleicht haben die beiden ja eingesehen, dass sie etwas Unrechtes getan haben. Vielleicht sollte ich anrufen. Was denkst du denn darüber?"

„Weißt du, wir hatten seit der Ankunft in Deutschland die ganze Zeit nur Glück. Es gab dieses schlimme Zusammentreffen mit diesen Nazis. Alles andere war einfach nur super. Diese Kolumne lässt uns von mehr träumen. Ich weiß nicht, ob wir durch die Verbindung zu diesen Jungs unser Glück überstrapazieren. Könnte es nicht sein, dass wir mit diesem Kontakt noch viel mehr Nazis gegen uns aufbringen? Ich weiß es nicht genau, was richtig ist. Außerdem haben wir noch immer keinen Bescheid von den Behörden, ob wir in Deutschland bleiben dürfen."

„Ich verstehe deinen Ansatz, Azul. Aber vielleicht können wir gerade dann, wenn wir uns gut integrieren und versuchen, die Gräben zuzuschütten, die diese Nazi-Partei aufgerissen hat, unsere Chancen erhöhen, in diesem schönen Land zu leben, so wie Karfu das auch mit Erfolg durchgezogen hat. Manchmal werden Träume wahr."

Am nächsten Tag nach der Schule rief Ayram diese ominöse

Nummer an. Karfu, Susi und Azul saßen daneben und hörten im Lautsprecher-Modus zu, was Ayram mit einem der Glatzköpfe besprach.

„Hallo, wer ist da?" dröhnte es aus dem Telefon.

„Hier ist Ayram, das Mädchen, das euch angezeigt hat."

Am anderen Ende wurde es ruhig. Ayram sagte nichts und wartete.

„Ich hätte nicht gedacht, dass du dich noch meldest. Es ist schon einige Zeit her seit dem Verhör."

„Warum hast du uns deine Nummer hinterlassen?" fragte Ayram.

„Ehrlich gesagt, habe ich mir viele Gedanken über das gemacht, was du gesagt hast. Es hat sich seitdem einiges in meinem Leben geändert."

„Wenn du magst, können wir uns in einem Café treffen und über das alles reden. Ich würde Azul mitnehmen und die beiden, die du im Polizeipräsidium schon gesehen hast. Wie klingt das für dich?"

Ayram spürte ein kurzes Zögern in der Leitung.

„Das können wir machen," erwiderte der junge Mann.

Die beiden vereinbarten einen zeitnahen Termin und verabschiedeten sich. Nach dem Telefonat war erst mal Ruhe am Esstisch.

„Ist es wirklich möglich, dass so ein Nazi sich über das von mir Gesagte Gedanken macht?"

„Ich habe dir schon nach dem Gespräch im Polizeipräsidium gesagt, dass du ein ungewöhnliches Mädchen bist. Du erreichst mit dem, was du sagst, die Menschen. Nicht umsonst ist die Kolumne so ein großer Erfolg. Noch nie in der Geschichte unserer Zeitung hat eine Kolumne so einen Hype ausgelöst. Wenn der junge Nazi damit einverstanden ist, dann können wir ja das Geschehene mit einfließen lassen.“

„Das hört sich gut an. Du wolltest uns noch sagen, wie unsere Geschichte im Internet beurteilt wird.“

Susi hatte den beiden darüber berichtet, dass im Westen das Internet eine große Bedeutung hat und die Menschen hier in ihrer Meinung sehr beeinflusst.

„Ayram, ich möchte dir sagen, dass sehr viele Menschen mit euch fühlen und verstehen, warum viele aus eurem Land in Europa Schutz gesucht haben. Wir bekommen auch in der Redaktion viele positive Reaktionen auf die Kolumne.“

Dann hörte Susi auf zu reden.

„Susi, du warst noch nicht fertig mit deiner Ausführung.“

„Nein, das war sie nicht,“ mischte sich Karfu ein. „Susi hat im Account einige Nachrichten, die sie sehr belastet haben.“

Azul bemerkte, dass Susi anfing zu weinen.

„Wisst ihr, in diesem Land kommt es häufig vor, dass böse Menschen Böses schreiben. Da Susi für alles, was mit dieser Kolumne zu tun hat, verantwortlich ist, wird sie von manchen Lesern übel beschimpft.“

„In welcher Form passiert das?" fragte Azul bedrückt nach.

„Ehrlich gesagt, glaube ich nicht, dass es gut wäre, wenn wir das mit euch kommunizieren," antwortete Susi mit einer nach innen gekehrten Stimme.

„Da denke ich aber ganz anders darüber," gab Ayram erzürnt zurück.

„Ayram, in Deutschland ist es im Allgemeinen so, dass zum Beispiel Politiker mit Morddrohungen überhäuft werden. Kommunalpolitiker sind aus Angst um ihre Familien schon zurückgetreten."

„Was hat das mit unserer Kolumne zu tun?" fragte Ayram traurig.

„Menschen, die sich für Minderheiten wie euch einsetzen, werden oft beschimpft in unserer Gesellschaft. Das wird meistens über das Netz versucht. Oft kann man die Verantwortlichen aufspüren und bestrafen, manchmal aber auch nicht. Trotzdem leiden die Betroffenen, wie ihr ja an Susi sehen könnt, sehr darunter."

Karfu stand auf und nahm Susi in den Arm. Sie hatte sich inzwischen wieder gefangen.

„Hat es dann noch Sinn, diese Kolumne weiter laufen zu lassen?" fragte Ayram. Azul wurde immer ruhiger.

„Dann haben diese bösen Menschen genau das erreicht, was sie wollten. Deshalb kommt Aufgeben nicht in Frage. Never ever!" schrie Susi fast schon.

„Alle da draußen sollen wissen, warum ihr in Afrika hungern

müsst. Nicht, weil ihr dumm und unfähig seid, wie diese Rattenfänger es uns erzählen wollen, sondern weil ihr gar keine Chance habt. Der Westen beutet euch aus und vertickt seine überschüssige Ware nach Afrika. Auch deshalb haben die Händler in Afrika gar keine Chance, einen vernünftigen Markt aufzubauen. Es gibt so vieles, was im Argen liegt. So vieles. Deshalb werde ich für dieses Projekt kämpfen. Ich werde kämpfen wie ein Löwe, bis jeder weiß, dass Schwarze genauso wertvolle Menschen sind wie Weiße. Nämlich freundlich, intelligent, gesellschaftsfähig, mutig und fleißig."

„Danke, Susi. Danke für dein Engagement. Wenn du als Weiße bereit bist, so für uns in die Bresche zu springen, dann sind wir weiterhin dabei." Während sie diesen Satz sagte, schaute sie zu Azul. Er nickte.

„Das freut mich. Wisst ihr, die große Mehrzahl der Menschen zeigt Empathie. Sie verstehen, was es bedeutet, kein Essen zu haben. Die meisten davon sind sehr alte Menschen, die den Zweiten Weltkrieg überlebt haben. Aber auch sehr viele junge Menschen schreiben kluge und differenzierte Kommentare," sagte Susi. „Wenn wir sie weiterhin erreichen, dann haben wir eine kleine Chance, auch die anderen, die sich von dieser Nazi-Partei beeinflussen lassen, zu erreichen. Denn die Menschen, die wir überzeugen können, erreichen auch ihr Umfeld."

„Also," mischte sich Karfu noch einmal ein, „wir werden weiterhin kämpfen."

Mit diesen Worten löste sich die Runde auf. Azul und Ayram

gingen wie immer in ihr Zimmer und die anderen beiden schauten noch etwas fern.

„Was wird da noch auf uns zukommen?", fragte Azul seine Freundin.

„Ich weiß es nicht, Azul. Wir sind noch ganz am Anfang unserer unglaublichen Geschichte. Zuallererst müssen wir in den nächsten Tagen mit Karfu ein paar Ämter besuchen. Unser Bleiberecht wird noch ein großes Thema werden. In unserem Land herrschen immer mal wieder Unruhen. Deshalb haben wir große Chancen, hier bleiben zu dürfen. Kannst du dir vorstellen, für immer in Deutschland zu leben, Azul?"

„Ehrlich gesagt fehlen mir meine Freunde, meine Eltern, unsere Feste, unsere Kultur. Ich bin noch nicht so angekommen, wie ich es mir wünsche. Im Moment habe ich durch mein Heimweh noch Probleme, mich mit dem Gedanken ernsthaft auseinanderzusetzen. Ich spüre oft diese Blicke von vielen Deutschen. Ich merke ihnen an, dass sie uns hier nicht haben wollen. Vielleicht hast du schon darauf geachtet, wie sie uns anschauen. Nicht nur die der Nazis. Nein, ganz normale Bürger. Deshalb weiß ich nicht, ob ich hier leben möchte. Es ist schön, dass wir durch das große Glück unserer Kolumne Geld zur Verfügung haben. Die meisten unserer Brüder und Schwestern haben dieses Glück nicht. Wir haben auch die Möglichkeit, Menschen zu erreichen. Susi hat mir gestern gesagt, dass viele Leserbriefe kamen, die sie beantwortet. Sie hätte gerne, dass wir nach ein paar Monaten selbst antworten. Du siehst ja selbst, dass wir mit dieser neuen Sprache beide Fortschritte machen. In ein paar Monaten sind wir viel weiter und können dann auch in Talkshows unsere Geschichte erzählen. Es geht darum, dass wir für unseren Kontinent einstehen. Es geht darum, die Menschen davon abzuhalten, diesen Rattenfängern zu trauen. Susi hat mir auch gesagt, dass schon einige Sender nachgefragt haben, ob wir schon für einen Auftritt bereit wären. Sie sagte erst mal alles ab. Sie denkt, dass wir noch nicht für solch ein Format bereit wären. Ich denke, dass sie damit recht hat."

„Meinst du?", fragte Azul vorsichtig nach.

„Wenn wir einen Dolmetscher hätten, dann wäre das doch möglich, oder?"

„Ich weiß nicht", überlegte Ayram. „Wir können ja morgen noch einmal mit den anderen darüber sprechen. Wenn Karfu und Susi dabei wären…"

„Okay, dann gehen wir jetzt mal schlafen", schlug Azul vor. Er gab Ayram noch einen Kuss und verschwand in seinem Zimmer. Spät in der Nacht hörte Azul, wie Ayram leise weinte. Azul ging nicht in ihr Zimmer. Er wusste, dass die Geschichte mit ihrem verstorbenen Kind noch lange nicht ausgestanden war.

Ein paar Tage später war es dann soweit. Der Termin mit dem Nazi war nur noch wenige Stunden entfernt. Alle vier waren aufgeregt wie selten. Leider hatte Ayram den anderen Glatzkopf nicht erreichen können. Deshalb war nun die Hoffnung groß, mit dem Verbliebenen eventuell mehr zu erreichen. Alle wussten, dass eine Umkehr dieses rechten Aktivisten in der Öffentlichkeit einiges bewirken könnte.

Als sie abends in dem Restaurant saßen und warteten, war lange Ruhe am Tisch. Azul erkannte ihn zuerst. Allerdings musste er zweimal hinschauen, um den vermeintlichen Nazi zu erkennen. Auf seinem Kopf waren Haare zu sehen. An seinen Füßen trug er weiße Sportschuhe. Seine Kleider schienen sauber und ordentlich. Karfu stand auf und begrüßte den äußerlich veränderten jungen Mann per Handschlag. Dieser klopfte auf den Tisch, um auch die anderen zu begrüßen. Dann setzten sich die beiden wieder. Es legte sich eine bleierne Stille über die fünf Menschen, die unterschiedlicher nicht sein konnten.

„Zuerst möchte ich mich entschuldigen für dieses schlimme Vergehen in der Stadt. Ich kann verstehen, dass ihr jetzt nicht viel zu sagen habt. Bis ihr wieder eure Sprache findet, möchte ich euch erzählen, warum ich jetzt hier sitze. Leider habe ich deinen Namen vergessen", sagte er und schaute Ayram an.

„Ayram ist mein Name."

„Ayram, ich möchte dir sagen, dass du mich mit deinen Worten mitten ins Herz getroffen hast. Jedes einzelne Wort von dir bohrte sich in meinen Kopf. Deine Argumente taten mir fast schon weh. Bitte verzeiht mir. Ich habe meine rechten Kumpels seit diesem Tag nicht mehr gesehen. Und ich möchte auch keinen Kontakt mehr zu ihnen. Schon vorher hatte ich immer wieder Probleme, diese Parolen mitzubrüllen.“

„Was genau brachte dich zu diesem Umdenken?“, fragte Azul.

„Da muss ich ein wenig ausholen. Schon in früher Kindheit schimpfte mein Vater auf Ausländer. Er hasste alles, was nicht deutsch war. Immer, wenn ich mit meinem Vater unterwegs war, schimpfte er hauptsächlich über Schwarze. In meiner Familie war es gewissermaßen gute Tradition, über Menschen mit anderer Kultur zu schimpfen. Vielleicht war das ein Punkt, der mich später zu dieser Gruppe führte. Ehrlich gesagt, überkamen mich in den letzten Monaten immer mehr Zweifel, ob dieser Weg richtig ist. Als ich bei meinem Vater über euch und über meine innere Umkehr sprach, lachte er mich aus. ‚Du lässt dich von diesem schwarzen Mädchen bequatschen? Du weißt doch genau, wie unsere Partei über diese Schmarotzer denkt.‘ So spricht er immer, mein lieber Herr Vater.“

Karfu unterbrach den jungen Mann: „Du hast dich jetzt entschuldigt und uns erzählt, warum du in dieses braune Umfeld gekommen bist.“

„Haben Sie gewählt?“, unterbrach der Kellner das Gespräch.

„Oh, das haben wir ganz vergessen“, erwiderte Susi, die noch ganz gebannt von den Ausführungen des vermeintlichen Nazis war. Nachdem alle gewählt hatten, sprach Karfu weiter.

„Was uns jetzt natürlich alle brennend interessiert… wie haben deine alten Kollegen reagiert?“

„Die haben mir gezeigt, was sie inzwischen von mir halten. Aber seid mir nicht böse, wenn ich das nicht näher ausführen möchte. Letztendlich ist es egal, weil ich mit diesem Teil meines Lebens abgeschlossen habe."

„Wie du sicher schon mitbekommen hast, sind wir in unserer Zeitung in Form einer Kolumne politisch aktiv." Susi machte eine kleine Pause, um einen Spannungsbogen aufzubauen.

„Ja, das habe ich mitbekommen", antwortete der Ex-Nazi.

„Wir wollen mit dieser Kolumne etwas in Bewegung setzen, was hoffentlich noch vieles in unserer Gesellschaft bewirken wird. Kannst du dir vorstellen, ein Teil dieser Bewegung zu werden?"

Der junge Mann wurde jetzt sehr ruhig.

„Wir sind dir natürlich nicht böse, wenn du nein sagst. Wir wissen um die Gefahr, der du dich aussetzen würdest. Vielleicht überlegst du dir das Ganze und sagst uns Bescheid. Wir haben auch schon Einladungen von verschiedenen Sendern. Wir könnten durch den Auftritt in Talkshows einiges erreichen. Deshalb haben wir das Ziel, auch in solchen Sendungen unsere Botschaft zu verbreiten."

„Welche Botschaft steht genau hinter diesem Gedanken?"

„Genau das Gegenteil dessen, was dich noch vor Monaten ausmachte, junger Mann", sagte Karfu etwas streng. „Wir wollen unserer Gesellschaft klarmachen, was zum Beispiel der Kolonialismus mit dem afrikanischen Kontinent gemacht hat. Oder was die Ausbeutung des Westens mit diesen

Menschen gemacht hat. Auch sind wir nicht dümmer als weiße Menschen. Die Menschen, die ihre Heimat verlassen, tun dies nicht aus Jux und Tollerei. Sie tun es aus einer Not heraus, die sich ein Europäer gar nicht vorstellen kann. Das ist das Grundgerüst dessen, was wir zu sagen haben. Wenn du magst, kannst du als ehemaliger Nazi ganz vorne mit dabei sein."

„Wer hat das Jägerschnitzel bestellt?", unterbrach der Kellner wieder. Die fünf hatten alles um sich herum vergessen.

Nach dem Essen wurde noch ein wenig geplaudert und diskutiert. Am späten Abend brachen alle auf und verabschiedeten sich.

„Du meldest dich, wenn du dabei sein möchtest."

„Ja, Karfu, ich werde mich melden."

Die Bewegung „Eine Welt" wird geboren

Azul und Ayram brachten in den nächsten Tagen einen wahren Behördenmarathon hinter sich. Noch immer war nicht klar, ob die beiden in Deutschland bleiben konnten. Sie versuchten, mit Susi und Karfu Argumente zu finden, damit sie zumindest vorläufig in Deutschland bleiben konnten. In diesen Tagen lernten Azul und Ayram, dass es in Deutschland für alles ein Formular gibt. Zum Glück konnten Susi und Karfu immer helfen, wenn die beiden überfordert waren.

Eines Tages, nach der Schule, war der Tisch gedeckt, als die beiden nach Hause kamen. Allerdings stand dort diesmal ein großer, silberner Behälter mit einer grünen Flasche auf dem Tisch. Auf allen vier Plätzen waren bereits Sektgläser platziert. Strahlend kamen Susi und Karfu auf die beiden zu und nahmen sie in die Arme. Susi hatte einen Brief in der Hand.

„Euer Bleiberecht ist durch. Herzlich willkommen in Deutschland."

Ayram fing vor Freude an zu weinen. Azul nahm sie fest in die Arme und gab ihr einen Kuss.

„Wir haben es tatsächlich geschafft. Wir müssen keine Angst mehr haben, abgeschoben zu werden." Azul konnte es gar nicht fassen.

„Kommt, setzt euch. Es gibt etwas Leckeres zu essen", sagte

Susi. „Und außerdem haben wir noch einiges, was es zu besprechen gilt."

Susi hatte etwas ganz Besonderes vorbereitet. „Heute gibt es etwas aus dem Schwabenland. Spätzle mit Gulasch."

Azul und Ayram wussten natürlich nicht, was da auf sie zukommen würde. Susi holte die Töpfe vom Herd und stellte sie auf den Tisch. Nach dem Festmahl rief Azul in die Runde, dass er so etwas Gutes noch nie gegessen hatte. Er hatte sich tatsächlich zwei große Teller gegönnt. Als Ayram ihren zweiten Teller nicht schaffte, aß er auch den noch auf.

„Das freut mich sehr, ihr Lieben", strahlte Susi.

„So", unterbrach Karfu, „jetzt geht es aber wieder zum Ernst des Lebens über. Wir haben heute noch mehr Post bekommen. Und zwar erhielten wir eine Einladung von dem in Deutschland bekanntesten Journalisten Marc Speer. Dort hätten wir eine riesige Plattform, um unsere neue Bewegung vorzustellen. Wir haben im Netz inzwischen tatsächlich Millionen Klicks auf unserer Website. Wir können jetzt wirklich von einer Bewegung sprechen, die wir ins Leben gerufen haben."

„Unsere Zeitung ist begeistert, denn auch sie haben inzwischen eine eigene Seite für unser Thema kreiert." Susi konnte gar nicht an sich halten. „Die Verkaufszahlen haben sich durch die Kolumne fast verdoppelt."

Susi stand auf und holte eine Handvoll Briefe an den Tisch. „Das, ihr Lieben, sind Briefe von Verlagen. Ich möchte euch gar nicht sagen, was die für eure Lebensgeschichte bieten. Es sind auch Angebote dabei, die sich mit einem Buch beschäftigen, das ihr beide doch schreiben könntet. Außerdem hat sich der ehemalige Nazi gemeldet. Er würde unser Angebot gerne annehmen."

Azul und Ayram saßen am Tisch und hatten den Mund schon seit Minuten offenstehen.

„Wie ist das denn möglich?", fragte Azul.

„Ich denke, es hat mit den hohen Prozentzahlen der Nazipartei zu tun. Mit eurem Beitrag haben die Gegner dieser Partei endlich eine Plattform, auf der sie sich melden können. Vielleicht seid ihr die, die dieses Land brauchte. Vor Jahren hatten wir ein ähnliches Phänomen. Eine Jesidin stellte sich hinter ihr Volk und machte sich zum Sprachrohr ihres Volkes, das von einer Terrorgruppe vernichtet werden sollte. Eine Terrorgruppe, die fast ein ganzes Land eroberte. Sie trug dazu bei, dass dies nicht auf Dauer funktionierte. Vielleicht wird das mit euch beiden auch ein Erfolg. Ich spreche von einem bleibenden Erfolg für euer Land."

Susi hatte inzwischen Tränen der Freude in den Augen.

„Wir wünschen uns, wir wünschen euch viel Glück und gutes Gelingen. Ich denke, an dieser Stelle auch sagen zu können, dass wir bei all den Erfolgsmeldungen auch ein wenig Demut walten lassen sollten." Dann nahm er das Glas und prostete den anderen zu.

„Vielleicht macht ihr euch noch ein paar Gedanken darüber, wie denn unsere Bewegung heißen sollte", sagte Susi.

„Sie wird ‚Eine Erde' heißen", sagte Azul aus dem Nichts.

„Das hört sich super an", rief Susi. „Eine Erde!"

Der erste Fernsehauftritt

Azul und Ayram packten ihre Sachen für zwei Tage in Hamburg. Dort wurde Woche für Woche eine Sendung aufgezeichnet, die schon über viele Jahre hinweg zu später Stunde ausgestrahlt wird. Marc Speer, ein herausragender Journalist, führt durch die Sendung, die sich in erster Linie mit politischen Themen auseinandersetzt. Er ist dafür bekannt, dass er nachhakt und keine Nebelkerzen zulässt. Wenn er spürt, dass seine Gäste ausweichen wollen, fängt er sie augenblicklich wieder ein.

Da in dieser Woche das Thema „Afrika, kannst du weiterhin überleben?" in diesem Sender behandelt wurde und die Kolumne der Frankfurter Zeitung inzwischen deutschlandweit bekannt war, lag die Einladung von Azul und Ayram auf der Hand. Auch Susi und Karfu waren eingeladen. Michael, der ehemalige Nazi, wurde nach einigen Diskussionen noch kurz vor der Aufzeichnung nachträglich dazu genommen.

In der Redaktion gab es einige Diskussionen um Michael, weil er in der Frankfurter Naziszene einschlägig bekannt war. Man wollte dieser Gruppierung auf keinen Fall eine Plattform bieten. Drei Tage vor der Aufzeichnung war dann klar, dass auch Michael in der Runde sitzen sollte.

Eine Erde im Fernsehen

„Wo ist denn mein schwarzes Hemd, Liebling?" hallte es durch die große Wohnung.

„Karfu, ich habe es dir doch gestern gesagt, dass die Reinigung angerufen hat. Sie bringen es heute Vormittag um 10 Uhr vorbei."

„Unser Flugzeug geht um 15 Uhr," antwortete Karfu. Dann klingelte es. Die Melodie der Glocke hatten sich die beiden beim Einzug ausgesucht: *What a Wonderful World*. Diese Melodie sollte sie immer bei der Ankunft eines Gastes daran erinnern, wie schön die Welt doch ist.

„Ich geh schon," rief Ayram. Fünf Minuten später hatte Karfu sein Hemd an. Die anderen drei waren bereits fertig zum Abflug.

„Das Taxi steht unten," rief Azul. Dann packte jeder seine Sachen, und sie gingen nach unten. Im Taxi hing jeder seinen Gedanken nach. Michael wollte in einem eigenen Taxi kommen.

„Schaut doch, eine A380 startet gerade," rief Karfu und zeigte in den Himmel. Es faszinierte ihn immer wieder, dass sich über 500 Tonnen Gewicht in der Luft halten konnten. Dann bremste der Taxifahrer schon und stieg aus. Jeder nahm sein Gepäck in Empfang.

„Hallo Michael," rief Susi in die Menschenmenge. Michael

stand mit seinem Koffer 30 Meter weiter und wartete auf sein Gepäck. Er war mit dem Omnibus gekommen. Nach der Begrüßung standen die fünf in der Ankunftshalle und suchten nach ihrem Flug.

„Hast du auch ein wenig Angst vor dem, was uns heute Abend erwartet?" fragte Azul seine Freundin.

„Ein wenig schon. Aber ich freue mich sehr darauf, unsere Bewegung im Fernsehen vorstellen zu dürfen. Ich bin sehr aufgeregt. Das trifft es besser."

„Marc wird uns befragen. Er wird uns nicht grillen, wie er es schon oft mit bekannten Politikern getan hat." Susi hatte schon des Öfteren mit Marc Speer zu tun, deshalb war sie mit ihm per Du. „Wir werden 75 Minuten Zeit haben, um uns und unsere Bewegung vorzustellen. Ihr braucht wirklich keine Angst vor diesem Auftritt zu haben. Marc steht unserer Sache sehr positiv gegenüber."

Als das Flugzeug in Hamburg landete, dachte Azul an den Anfang dieser unglaublichen Geschichte. Er musste an die vielen Toten denken, die er auf dem Meer gesehen hatte. Auch Ayrams Kind kam ihm in den Sinn. Warum musste so ein kleines Kind sterben? Warum nur? Was dachte sich Allah dabei?

„Azul, möchtest du nicht aufstehen?" Das Flugzeug war bereits gelandet. Ayram zupfte ihm ungeduldig am Ärmel.

„Ja klar. Verzeih, ich war gerade in Gedanken."

„Du hast an unsere Überfahrt gedacht, oder?"

„Kannst du Gedanken lesen?"

„Nein, aber ich habe deine Tränen gesehen." Liebevoll gab sie ihm einen Kuss.

Nachdem sie alle ihre Gepäckstücke geholt hatten, schlenderten sie zum Taxistand. Die Aufzeichnung begann erst spät am Abend. Sie hatten also noch Zeit, ihr Gepäck ins Hotel zu bringen. Nachdem sie ihre Zimmer bezogen hatten, trafen sie sich in der Lobby.

„Also, ihr Lieben. In einer Stunde ist es soweit. Ich möchte keinen Druck aufbauen, und doch sollten wir uns über die große Chance klar sein. Heute Abend werden uns Millionen Menschen sehen und hören. Wir alle haben uns darauf vorbereitet, um unsere Argumentationsketten vorzubringen. Wir brauchen keine Angst zu haben. Aber wir sollten hoch konzentriert sein bei dem, was wir heute tun." Karfu sagte dies mit einem ernsten Blick, bei dem jeder ganz genau wusste, um was es geht.

Der Taxifahrer, der die fünf ins Studio bringen sollte, kam in die Eingangshalle. Sein suchender Blick fand die fünf in der Lounge mit den tiefen, bequemen Sesseln. Azul stand zuerst auf und rang nach Luft. Ayram nahm ihn in die Arme und sagte: „Azul, wir werden heute Großes tun. Wir haben heute eine große Chance, unser Land in ein gutes Licht zu rücken. Hab keine Angst."

Auf der Fahrt im Großraumtaxi wurde kaum ein Wort gesprochen.

„Micha, du musst nicht allzu sehr auf deinen ehemaligen

Kumpanen eingehen." Susi spürte die Angst in Michael aufkommen. Er hatte nach Bekanntwerden des Fernsehauftrittes viele böse Hassmails bekommen. Es waren auch Morddrohungen dabei.

„Du Hurensohn, du weißt, was in unseren Reihen mit Verrätern passiert. Nimm dich in Acht!" Das war nur eine von vielen bösen E-Mails.

„Weißt du, Susi, ich habe zu viel Zeit mit diesen Nazis verbracht und mich zu sehr leiten lassen von all den Parolen. Ich werde heute Abend den Menschen da draußen zeigen, warum es gefährlich ist, sich mit diesen Ewiggestrigen einzulassen. Ich werde versuchen, eure Seite in den Fokus zu stellen. Afrika hat so vieles hinnehmen müssen. Diese Menschen wurden in den letzten Jahrhunderten versklavt, gedemütigt, verkauft, vertrieben, beleidigt, entwürdigt und ausgenutzt. Wenn ich heute Abend nur ein wenig ausrichten kann, dann muss meine Person, mein Heil, in den Hintergrund treten. Nein, Susi, ich werde keine Rücksicht nehmen auf diese Rattenfänger, die versuchen, Menschen wie diese beiden zu vernichten." Michael schaute auf Azul und Ayram. Die beiden konnten immer noch nicht fassen, dass sich Michael vom Saulus zum Paulus gemausert hatte.

„35,80 Euro, bitte." Der Taxifahrer schaute die fünf an.

„Sie sind beim Speer heute Abend, oder? Ich habe es heute Morgen in der Zeitung gelesen. Ich wünsche euch viel Glück und Erfolg. Ich werde euch auf jeden Fall die Daumen drücken. *Eine Erde* hört sich gut an für eine so wichtige

Bewegung." Karfu bezahlte die Fahrt und alle stiegen aus.

„Danke für die Glückwünsche, Herr…?"

„Schmitt ist mein Name. Alles Gute nochmal." Dann schloss sich die Tür, und die fünf standen vor einem recht nüchternen Betonbau, der mit Wellblech verkleidet war. Ein braunes, großes Tor war scheinbar der Eingang. Vor dem Tor standen sicherlich 20 Polizisten. Ein Sicherheitsbeamter ging auf die fünf zu und sprach Karfu an.

„Würden Sie mich bitte begleiten? Ich werde Sie zuerst in Ihre Kabine bringen. Dort werden Sie geschminkt." Bevor Karfu irgendetwas sagen konnte, lief der Sicherheitsbeamte voraus.

„Bitte folgen Sie mir," sagte der leicht übergewichtige Mann, dem seine gelbe Neonweste etwas eng am Körper klebte. Es war ein seltsames Gefühl, dass hier so viel Polizei präsent war.

„Warum haben die denn so viele Beamten hier?" fragte Azul, als sie in der Kabine angekommen waren.

„Herr Speer wird in ein paar Minuten bei Ihnen sein und Ihre Fragen beantworten." Dann war er weg. Wie beim Friseur waren fünf große Sessel nebeneinander aufgereiht.

Bevor einer der fünf etwas sagen konnte, kam eine Dame mit einem kleinen Rollwagen in den Raum. Sie war außerordentlich freundlich. Ihr gewinnendes Lachen bei der Begrüßung sagte schon alles über den Menschen aus.

„Hallo, ihr Lieben. Bevor ihr euch auf diese Sessel setzt,

möchte ich euch etwas sagen. Ich habe alles über euch gelesen." Jetzt wandte sie sich Azul und Ayram zu. „Ayram, es tut mir so unendlich leid, dass du auf der Überfahrt, bei der so viele Menschen gestorben sind, dein Kind verloren hast." Die Stimme der Kosmetikerin ging nach innen. „Wenn ich jetzt Tränen bekomme, schäme ich mich nicht. Azul, auch du musstest vieles erleiden. Auch du hast vieles gesehen, was man in deinem Alter nicht sehen sollte. Ich freue mich, euch kennenzulernen." Jetzt wandte sie sich wieder an alle. „Ich werde euch hinter den Kulissen alle Daumen halten, dass euer Projekt von Erfolg gekrönt wird."

„Vielen Dank für deine Worte. Wie heißt du eigentlich?" fragte Susi.

„Ich bin die Melanie. Aber meine Freunde sagen Melli zu mir." In diesem Moment öffnete sich die Tür und ein Mann kam in den Raum. Er kam genauso rüber wie im Fernsehen: klug, intelligent, charmant.

„Hallo, ihr fünf. Ich bin der Marc Speer. Susi, wir kennen uns ja schon seit Jahren. Wenn es für dich okay ist, würde ich dich während der Aufzeichnung auch duzen." Dann ging er während des Schminkens zu allen fünf und stellte sich persönlich vor. Er hatte seine Aufzeichnungen schon in der Hand. Kleine Karten, die er bei seiner Sendung immer bei sich hat.

„Ich wollte vor der Sendung noch ein paar Dinge loswerden. Ihr habt sicherlich die Beamten vor dem Studio gesehen. Da sich in unserem Land so einiges tut im Bereich Migration und

Michael aus der ehemaligen Naziszene dabei ist, haben wir für Sicherheitsmaßnahmen gesorgt. Wir wollen, dass ihr sicher seid und beim Rausgehen nach der Sendung nicht blöd angemacht werdet. Also nichts, weshalb ihr jetzt aufgeregt sein müsstet.

Während unseres Gesprächs werde ich auf das, was in den letzten Wochen über euch in den Medien war, eingehen. Ich werde nachfragen, hier und da kritisch sein..."

„Was meinen Sie mit kritisch sein?" fragte Ayram.

„Wissen Sie, es gibt auch viele Menschen, die sich fragen, warum Sie nicht einen anderen, einen legalen Weg nach Europa gesucht haben."

„Aber..." versuchte Ayram zu antworten.

„Entschuldigen Sie, aber das können wir ja nachher während der Sendung herausarbeiten. Ich weiß natürlich, dass ihr gar nicht die Möglichkeit hattet, legal aus diesem Land zu kommen. Ich weiß natürlich auch, dass es in eurem Land Unruhen gab und Unruhen gibt. Aber ich muss als Journalist so neutral wie nur möglich sein. Ich werde euch nicht grillen. Das mache ich nur mit Politikern. Was ihr vielleicht nicht wisst... ihr fünf seid meine einzigen Gäste."

„Marc, das war aber anders geplant," rief Susi. „Es sollte doch der Ausländerbeauftragte von Hamburg da sein."

„Ich weiß, Susi, aber der ist krank geworden. Ihr werdet trotzdem oder gerade deswegen viel über eure neue Bewegung sprechen können. Habt ihr schon ins Netz geschaut? Heute Abend habt ihr die Fünf-Millionen-Grenze überschritten. So viele Follower innerhalb so kurzer Zeit sind sehr ungewöhnlich. Also eure Bewegung hat jetzt schon vor eurem Auftritt sehr viele Befürworter. *Eine Erde* hört sich auch sehr gut an. Ich denke, da kommen nach der Sendung noch ein paar dazu.“

Nun wandte sich Herr Speer Michael zu. „Michael, ich muss Ihnen etwas Unangenehmes sagen. Unsere Redaktion hat ein wenig über Sie recherchiert. Sie waren ja ziemlich tief in diesem braunen Sumpf. Deshalb kennen Sie auch scheinbar sehr viele rechte Gesellen, wenn ich das so ausdrücken dürfte. Viele von diesen Leuten haben bei uns angerufen oder auch sehr schlimme E-Mails hinterlassen. Auch Morddrohungen waren darunter. Wollen Sie weiterhin daran festhalten, bei mir in der Sendung zu sein? Ich muss Sie das fragen, denn Sie begeben sich schon in Gefahr, wenn Sie heute Abend etwas über diese Szene berichten. Und wenn Sie da sind, werde ich auch nachfragen. Sind Sie sich darüber bewusst?“

„Danke, Herr Speer, dass Sie so intensiv nachfragen. Ich habe mir das im Vorfeld natürlich mehrfach überlegt, ob ich diesen Schritt tun möchte. Nachdem ich aber mit Ayram dieses Gespräch bei der Polizeistation hatte, fiel es mir wie Schuppen von den Augen. Ja, ich möchte heute Abend auch darüber berichten, warum ich in dieser Gruppe vermeintlichen Halt fand.“

„Ich muss noch einmal fragen, Michael,“ hakte Speer nach. „Es könnte sein, dass Sie nach dieser Sendung auch eine

Weile Polizeischutz benötigen."

„Ja, das ist mir bewusst."

Melli war inzwischen fertig, und der Aufnahmeleiter kam aufgeregt in den Raum.

„Marc, wir sollten langsam anfangen."

„Alles gut, ich bin soweit fertig mit den fünf." Der Aufnahmeleiter verschwand wieder.

„Er steht vor der Sendung immer ein wenig unter Druck. Wir sind noch gut in der Zeit." Dann lachte er die fünf noch einmal an und wünschte ihnen viel Erfolg. „Wenn ihr mir bitte folgen würdet."

Dann machten sich alle auf den Weg zum Studio. Es waren nur ein paar Schritte bis zu den Scheinwerfern und den vielen Kameras. Die sechs Stühle standen schon bereit, und auf jedem Beistelltisch standen Wassergläser und Karaffen.

Bei jedem der fünf wurde jetzt der Puls höher. Speer setzte sich auf seinen gewohnten Platz und schaute sich noch einmal seine Karten an. Er würde wie immer jeden einzelnen vorstellen und auch etwas von dem jeweiligen Gast sagen. Jeder der fünf wusste, dass während der Vorstellungsrunde Ruhe angesagt war. So begann Speer seine Sendungen schon seit vielen Jahren. Er war inzwischen der erfolgreichste Moderator mit seiner Sendung, die auch nach seinem Namen benannt war. Um seine Sendung so intensiv wie möglich zu gestalten, verzichtete er inzwischen auf Zuschauer, was im Vorfeld dieses Vorhabens auf Kritik stieß.

Aber Speer setzte sich aufgrund seines großen Erfolgs durch. Obwohl die Sendung erst spät läuft, hat er seit vielen Jahren eine sehr gute Quote.

Der Aufnahmeleiter ging auf die Gäste zu und fragte, ob alle bereit wären. Als alle nickten, entfernte er sich und besprach noch ein paar Dinge mit den Kameraleuten. Azul zählte fünf Kameras. Die Decke war voller Scheinwerfer. Speer sorgte mit ein wenig Smalltalk und ein paar witzigen Bemerkungen über den Aufnahmeleiter für eine lockere Stimmung in der Runde.

Dann erschien ein Mitarbeiter mit einer schwarz-weißen Klappe. Sofort war Ruhe im Studio.

„Klappe die erste."

„Wir haben heute fünf Menschen eingeladen, die keine unterschiedlicheren Biografien haben könnten." Dann stellte Speer die fünf Gäste vor.

Ayram und Azul klopfte das Herz bis zum Anschlag. Azul dachte darüber nach, wie gering diese Möglichkeit war, jetzt hier vor einem Millionenpublikum zu sitzen. Wie viele Asylbewerber befinden sich jetzt in irgendwelchen kleinen Verschlägen und hoffen auf ihre Duldung in diesem Land. Was würden seine Eltern jetzt sagen, wenn sie ihn hier sehen könnten? Er würde jetzt alles tun, um seine Eltern stolz zu machen.

„Nachdem wir jetzt alle vorgestellt haben, würde ich gerne mit Ihnen beginnen, Azul. Wie kam es dazu, dass Sie aus Burundi zu uns nach Deutschland kamen? Was war der

Anlass, dass Sie heute hier sitzen? Wenn Sie wollen, können Sie gerne Kurundi sprechen. Wir haben einen Dolmetscher engagiert." Obwohl er inzwischen die deutsche Sprache recht gut verstehen konnte, war er sich natürlich in seiner Muttersprache wesentlich sicherer.

„In erster Linie waren es die ständigen Unruhen und die Trockenheit, die mich aus unserem Land trieben. Es gab in den letzten Jahren sehr lange Dürrezeiten. Meine Eltern versuchten immer wieder, Mais oder auch Weizen in die Erde zu bringen. Auch Hirse wurde eingesät. Aber wir hatten einfach zu wenig Wasser, als dass es gelingen konnte, irgendwann zu ernten. Dadurch wurde meine kleine Schwester sehr krank. Die nächste Klinik aber war sehr weit entfernt. Sie starb auf dem Weg zur Klinik, den meine Eltern zu Fuß angetreten hatten. Sie war erst fünf. In unserem Dorf starben immer wieder Menschen, die durch die Schwächung aufgrund der wenigen Nahrung krank wurden und starben. Oft war es auch so, dass Soldaten in die Dörfer kamen und Kinder entführten. Sie wurden dann oft als Kindersoldaten ausgebildet und für kriegerische Zwecke ausgenutzt. Meine Eltern hatten Angst, dass sie noch mehr Kinder verlieren würden. Deshalb wurden auch von den umliegenden Dörfern junge Männer nach Algerien geschickt, um von dort aus irgendwie nach Europa zu kommen."

„Wie kamen Sie über das Meer, Azul?" fragte Speer nach.

„Ich fuhr zuerst mit dem Bus an die Küste Algeriens", fing Azul an.

„Mit dem Bus? Das ist doch unglaublich weit von Burundi nach Algerien."

„Ja, mit dem Bus. Besser gesagt: auf dem Bus. In Afrika ist es durchaus üblich, auf dem Dach zu reisen. Als wir nach ein paar Tagen ankamen, standen die Bootsführer schon bereit."

„Wie groß waren die Boote? Wie viele Menschen passten da rein?"

„Ich schätze, dass ungefähr hundert Menschen pro Boot die Überfahrt begannen."

„Wie meinen Sie das? Kamen nicht alle an?"

„Nein, es kamen nicht alle an." Azuls Stimme wurde dünner und ging nach innen.

„Sollen wir mit Ayram weitermachen, Azul?"

„Nein, ich möchte gerne weitererzählen. Entschuldigen Sie, es ist schwer, darüber zu reden."

„Wir haben Zeit, Azul. Nehmen Sie sich die Zeit, die Sie brauchen. Die Zuschauer sollen sehen und hören, was Menschen wie Sie auf sich nehmen, um aus ihrer Heimat zu flüchten. Eine Heimat, die vom Klimawandel bedroht ist und sich dadurch auch Unruhen ausbreiten."

„Wir gerieten in einen Sturm", fuhr Azul fort. Azul spürte, dass man eine Stecknadel hätte fallen hören. „Unser Boot kenterte. Ich sah viele Menschen sterben. Sie starben wenige Meter neben mir. Kinder riefen nach ihrer Mama. Mütter nach ihren Kindern. Es war so dunkel, dass man seine Hand nicht vor Augen sah."

„Wie konnten Sie da überleben? Gab es keine Rettungsringe?"

„Es war zwar vereinbart, dass wir welche bekommen, aber es wurden keine verteilt. Ich habe mich mit ein paar anderen Glückspilzen am Boot festgehalten. Wir wurden dann am nächsten Tag mit einem Hubschrauber gerettet und nach Spanien gebracht."

Für einen Moment musste sich Speer sammeln.

„Das alles ist sehr schwer zu ertragen, Azul. Genau aus diesem Grund sitzen Sie fünf da. Ich finde es wichtig, auch die Gründe zu erfahren, die Sie zu so einer Überfahrt bringen. Für uns und die Zuschauer ist es auch wichtig zu erfahren, dass in den letzten sieben Jahren an die 24.000 Menschen im Mittelmeer ertrunken sind. Nun zu Ihnen, Ayram. Erging es Ihnen ähnlich? Wenn ich das sagen darf... Sie haben sogar Ihr Kind auf dieser Überfahrt verloren."

Ayram konnte sich nicht halten. Sie musste anfangen zu weinen. Ihr ganzer Körper wurde durch diesen Weinkrampf durchgerüttelt. Die Aufzeichnung musste unterbrochen werden.

„Ayram, soll ich die Geschichte mit Ihrem Kind auslassen? Soll ich erst die anderen Gäste befragen?"

Ayram konnte sich nach wenigen Minuten wieder beruhigen. „Herr Speer, ich würde gerne weitermachen. Ich bin wieder soweit."

„Sicher?"

„Sicher." Nach der Klappe fragte Speer noch einmal, wie sich das mit ihrer Flucht zugetragen hatte.

„Ich war unterwegs mit meinem Kind. Es war erst fünf Jahre alt. Auch ich bin aus Burundi und stamme aus einem Dorf, das sich ein paar Kilometer weiter von Azuls Dorf befindet. Azul war in einem der anderen drei Boote. Als das Unglück geschah, war der Blickkontakt zu den anderen Booten bereits unterbrochen. Unser Boot kenterte zwar nicht, aber durch den starken Seegang konnten sich viele im Boot nicht festhalten und fielen ins Wasser. Ich konnte mein Kind nicht festhalten. Eine Welle entriss mir meine Kleine. Wenige Stunden nach dieser Tragödie strandeten wir in Spanien und wurden in verschiedenen Häusern untergebracht. Dort lernte ich auch Azul kennen."

„Warum wurden Sie nicht wie die anderen in einem Flüchtlingsheim untergebracht?" fragte Speer.

„Mein Bruder wurde schon als kleines Kind von deutschen Eltern adoptiert. Als wir bei den spanischen Behörden seinen Namen nannten und eine Wohnmöglichkeit gegeben war, wurden wir nach Deutschland gebracht und freundlicherweise dort mit offenen Armen empfangen."

„Das heißt, Sie wohnen seit der Ankunft in Deutschland bei Ihrem Bruder. Haben Sie inzwischen Arbeit?"

„Wir konnten bei der Zeitung, bei der Susi arbeitet, an einer Kolumne arbeiten."

„Susi, wie fing das Ganze an?"

„Ehrlich gesagt kamen wir erst durch eine schlimme Tat zweier Nazis auf die Idee, an die Öffentlichkeit zu gehen. Einer von den beiden sitzt hier.“

Susi schaute zu Michael, der in seinem Sessel zu versinken schien. Er schaute verschämt auf den Boden.

„Ayram wollte unbedingt mit den beiden sprechen, um auch die Seite der Flüchtlinge zu beleuchten. Ehrlich gesagt war ich sehr skeptisch. Aber Ayram bewies uns allen, dass man auch Menschen aus dem äußersten rechten Rand rausholen kann.“

„Michael, was können Sie uns zu diesem Thema denn sagen?“

„Ich rutschte durch die Aussagen meines Vaters schon recht früh in diese Richtung. Da ich durch ihn immer wieder infiltriert wurde, war es für mich ganz normal, über Flüchtlinge zu schimpfen oder sie auch anzugreifen. Ich rutschte durch meine rechten Kumpels immer weiter in diesen Sud hinein. Aber ehrlich gesagt fühlte ich mich zunehmend unwohler. Manche von meinen ehemaligen Kumpels traten bei unseren Ausflügen den schon liegenden Flüchtlingen in die Nieren. Zum Glück ist bei diesen Aktionen noch niemand zu Tode gekommen. Zumindest in meiner Gruppe nicht.“

„Was hat Sie dazu gebracht, dort auszusteigen?“

„Wie gesagt, war ich mir schon länger unsicher, ob ich mit solchen Leuten rumhängen möchte. Als dann das Gespräch auf dem Polizeipräsidium am Laufen war, konnte ich die

Argumente von Ayram verstehen. Ich fühlte mich auf einmal schmutzig. Noch am selben Abend sagte ich meinen Kumpels Bescheid, dass ich zu diesen Treffen nicht mehr kommen werde."

„Haben Sie gar keinen Kontakt mehr zu Ihrem alten Umfeld?"

„Nein, ich habe jeglichen Kontakt abgebrochen."

„Haben Sie ihm, Karfu, das abgenommen? Ich meine, es ist doch ziemlich ungewöhnlich, dass ein, mit Verlaub, Michael, Nazi sich so verändert."

„Ehrlich gesagt war ich anfangs auch skeptisch. Doch die Gespräche, die wir nach der Zäsur Michaels führten, waren sehr überzeugend."

„Was, Michael, wollen Sie jetzt in dieser neuen Bewegung Eine Erde dazu beitragen, dass Menschen in diesem Land umdenken?"

„Wissen Sie, Herr Speer, an einem wie mir sieht man, dass sich Menschen ändern können. Warum sollte man den Menschen da draußen nicht aufzeigen, dass man den Rechten keine Stimme geben sollte, wenn man weiterhin eine stabile Demokratie in unserem Land genießen möchte. Wenn einer weiß, wie die ticken, dann ich. Wir hatten regelmäßig Kontakt mit allen rechtsradikalen Gruppen Frankfurts."

„Kontakt in welcher Form?"

„Man darf nicht vergessen, dass sich in dieser immer größer

werdenden Nazi-Partei viele der früheren ultrarechten Politiker befinden, die früher keinen oder nur mäßigen Erfolg hatten. Das heißt, dass sie sich auch Schlägertrupps bedienen, die in allen Großstädten Deutschlands aktiv sind. Das ist zwar nicht öffentlich bekannt, aber wie auch in den Dreißigern wenden solche Parteien versteckte Gewalt an, um zu provozieren und Angst zu verbreiten."

„Sie behaupten also hier und vor Millionen von Menschen, dass eine rechtspopulistische Partei im deutschen Bundestag sitzt und durch Gruppen wie die, in der Sie aktiv waren, Gewalt anwendet, um Menschen einzuschüchtern."

„Ja, genau das passiert in Deutschland. Leider haben sie damit auch Erfolg, wie man an den Umfragewerten erkennen kann. Warum, so frage ich Sie, stehen deutsche Bürger vor brennenden Flüchtlingsheimen und applaudieren? Wie sonst sollte es möglich sein, dass ganze Busse von Flüchtlingen mit Schmährufen eskortiert werden und es keine oder nur sehr spärliche Strafverfolgung gibt? Ich weiß auch, über welche Maßnahmen in den rechten Kreisen nachgedacht wird und wie hemmungslos diese Befehle von ‚oben' durchgeführt werden. Verschiedene Aussteiger dieser Nazipartei reden davon, dass sie nach der Machtergreifung aufräumen wollen. Dass sie das ‚Pack aus Afrika erschießen' und am liebsten zurück auf den schwarzen Kontinent prügeln wollten. 27.000 Straftaten von rechtsradikalen Schlägern. Dies alles passiert unter den Augen unserer deutschen Bevölkerung. Und trotzdem wächst diese Nazi-Partei. Glauben Sie mir, Herr Speer, da wird sich in den nächsten Jahren wirklich etwas tun, das wir jetzt noch gar nicht einschätzen können. Deshalb sitze ich hier. Wir alle müssen handeln. Natürlich ist die jetzige Regierung zum Teil daran schuld, dass diese Partei wächst. Aber wir Bürger bilden doch diesen Staat. Wir Bürger haben doch die Möglichkeit, uns einzubringen. Wir sollten uns doch wehren gegen diese Entwicklung, die uns unsere Demokratie kosten könnte."

„Wie schaust du, Susanne, auf das, was Michael da gerade von sich gab?"

„Zuerst möchte ich Michael danken, dass er sich unserer Bewegung angeschlossen hat. An Menschen wie ihm kann man sehen, dass es noch nicht zu spät ist. Wir alle, die wir dasitzen, haben Hoffnung. Hoffnung, dass wir diese Nazi-Partei stoppen können. Hoffnung, dass Menschen wie Ayram und Azul dazu beitragen können, aufzurütteln. Wer ist denn zum Beispiel ursprünglich schuld an dem Klimawandel? Das sind doch wir alle, die einen SUV fahren und durch fossile Brennstoffe unseren Klimawandel erst möglich machten. Afrika trug zu dieser Katastrophe nur zu drei Prozent bei und muss aber mit den lebensgefährlichen Folgen leben. Wenn sie sich aber aufmachen, in andere Länder, um dort vielleicht ein besseres Leben zu führen, dann will man sie dort nicht haben. Das ist doch Zynismus pur. Diese Ungerechtigkeit schreit doch zum Himmel. Nicht nur, dass sie Jahrhunderte kolonialisiert, versklavt, ausgenutzt, benutzt und jetzt von der Kaimauer weggestoßen werden. Nein, jetzt möchte man sie auch noch am liebsten im Meer ertrinken lassen. Das zumindest wurde in den letzten Monaten berichtet. Rechte Regierungen gaben den Befehl, Migrantenboote nicht mehr zu beachten. Es gab sogar Aufnahmen, die beweisen, dass kleine Schiffe die Flüchtlingsboote rammten. Wie lange wollen wir diese Missstände noch mit ansehen? Deshalb möchten wir mit unserer neuen Bewegung versuchen, diese Partei aus unserem Bundestag zu verdrängen. Solche Politiker haben nach unserem Verständnis nichts in einem demokratisch gewählten Parlament zu suchen."

„Susi, wir kennen uns jetzt so viele Jahre. Wir beide haben Journalismus studiert und sind verschiedene Wege gegangen. Kannst du dir vorstellen, in solch einer Bewegung, die ich ausgesprochen gut finde, weiter als Journalistin zu arbeiten?"

„Ich weiß, worauf du hinaus möchtest. Wenn mein Chef mich weiterhin möchte, dann werde ich als freie Mitarbeiterin weiter dort arbeiten und Artikel schreiben, die sich mit unseren Themen beschäftigen. Wenn unsere Bewegung weiterhin solch einen Erfolg hat, dann brauchen wir natürlich auch Spender, die uns finanziell unterstützen. Wir werden dann auch viele Berufsgruppen brauchen. Wir warten jetzt einfach mal ab, was uns erwartet. Wir haben auch schon Angebote von Verlagen, die sich vorstellen können, dass Ayram und Azul ein Buch über ihre Erlebnisse schreiben. Wer weiß, was noch alles vor uns liegt. Aber bis dorthin wird noch viel Arbeit zu leisten sein."

Speer hatte inzwischen seine Kärtchen abgearbeitet. Er kündigte die nächste Sendung an und wartete, bis die roten

Lämpchen an den Kameras aus waren. Bis dahin war ihm wichtig, dass alle sitzen blieben. Dann wandte er sich wieder den fünf zu.

„Hey, ihr wart echt gut. Ich bin gespannt, wie hoch die Quote war."

Sie sprachen dann noch über den Verlauf des Gesprächs und verabschiedeten sich danach. Bevor sie dann in Richtung Ausgang gingen, kam ihnen noch der Studioleiter entgegen. Er fragte, ob sie es sich vorstellen könnten, auch in einem anderen Format bei demselben Sender aufzutreten. Karfu sagte ihm, dass sie sich das in Ruhe überlegen wollten. Das Taxi stand schon bereit, als sie aus dem Studio gingen. Bei der Rückfahrt redeten die fünf über alles, was sie in der letzten Stunde erlebt hatten. Michael wurde immer ruhiger, als er sein Handy in die Hand nahm.

„Was ist los?" fragte Ayram.

Michael antwortete nicht. Es wurde still im Taxi. Nach einer quälenden Pause antwortete er. „Die wollen mich umbringen."

„Wer will dich umbringen?"

„Ich weiß nicht. Ich kenne die E-Mail-Adressen nicht."

„Ich denke nicht, dass du dir da Gedanken machen solltest. Das sind Trittbrettfahrer. Die wollen sich im Netz profilieren."

„Ich hoffe so, dass du recht hast", antwortete Michael.

Die Rache

Nach ein paar Tagen erst wurde der Rummel, den die fünf in Speers Sendung verursacht hatten, greifbar. Der Briefkasten von Karfu und Susi reichte inzwischen nicht mehr aus; es musste ein Postfach angemietet werden. Aus ganz Deutschland kamen Briefe und Nachrichten, die den Fünfen Mut machen sollten. Aber es waren auch viele sehr destruktive Schreiben dabei. Inzwischen konnten alle mit diesen Dingen umgehen. Manche boten an, sie auch finanziell zu unterstützen. Susi hatte inzwischen ein Spendenkonto angelegt, um Geld für Aktionen zu sammeln. Innerhalb von wenigen Wochen waren auf dem Konto mehrere hunderttausend Euro eingegangen.

Die ersten Treffen der Aktivisten von Eine Erde wurden vereinbart. An einem Wochenende saßen die fünf zusammen und überlegten, wie es weitergehen sollte.

„Ihr Lieben, wie sollen wir weiter vorgehen?" fragte Susi in die Runde. „Wir haben Möglichkeiten, die ich unter uns ausloten möchte. Ich habe die Briefe, die wir von wirklich allen Bundesländern bekommen haben, durchforstet. Viele wollen sich uns anschließen und Aktionen starten. Vielleicht sollten wir mal einige von ihnen einladen und zusammen unsere Ziele definieren. Wenn wir es schaffen, einige von ihnen an die Spitze jedes Bundeslandes zu platzieren, haben wir gute Chancen, einiges zu bewegen. Für uns fünf wird es unmöglich sein, all das, was jetzt auf uns zukommt, zu bewältigen.“

„Ich denke, das ist eine gute Idee. Aber wo würden wir uns in so einem großen Rahmen treffen?“ fragte Azul.

„Ich habe schon mit dem Bürgermeister gesprochen. Die Stadt wird uns die Räumlichkeiten zur Verfügung stellen. Frankfurt wird durch uns deutschlandweit in ein positives Licht gerückt. Wenn sich das so weiterentwickelt, müssten sich die Nazis bei den nächsten Wahlen warm anziehen. Jede Aktion, die wir in der nächsten Zeit in Gang bringen, wird die Faschisten empfindlich treffen.“

„Das hört sich gut an“, antwortete Azul. „Wie werden unsere Aktionen aussehen?“ fragte Ayram.

„Wir werden Plakate drucken, Flugblätter verteilen und auch in den sozialen Medien aktiv sein. Wir werden überall präsent sein, um den Nazis zu zeigen, dass Nationalismus der Vergangenheit angehört. Wir werden alles tun, um diesen Faschisten die Stirn zu bieten. Wir werden uns dafür einsetzen, dass die Asylgesetze nicht geändert werden. Außerdem werden wir versuchen, diese Nazipartei wieder dahin zu bringen, wo sie hingehört: unter die fünf Prozent.“

„Das hört sich mutig an“, unterbrach Michael den Redeschwall von Susi. „Haben wir da wirklich eine Chance? Die Nazis stehen schon bei zwanzig Prozent bundesweit.“

„Wir haben von der Bevölkerung einen riesigen Zuspruch. Es bleiben ja noch achtzig Prozent, die anders denken als diese Rattenfänger. Das dürfen wir nicht vergessen. Wir Demokraten sind immer noch in der Mehrzahl. Das müssen wir nutzen. Das werden wir nutzen!"

Karfu schaute seine Freundin an und stellte fest, dass sie sich verändert hatte. Sie war selbstbewusster geworden, trug ihre Vorstellungen gut sortiert vor und war voller Tatendrang.

„Susi, Kompliment. Du hast das echt drauf. Vielleicht sollten wir uns trotzdem einen Manager einstellen, der das alles koordiniert. Ich denke auch, dass all das, was wir jetzt vor uns haben, zu viel sein wird für zehn Hände."

Der Abend wurde noch lange. Fast schon mitten in der Nacht brach Michael auf und verabschiedete sich von den anderen. „Ich freue mich auf das, was da kommt. Wir können zusammen echt etwas bewegen."

„Ja, Michael, das werden wir auch. Wir zeigen es diesen braunen Brüdern", erwiderte Susi. Mit diesen Worten entließen auch die anderen ihren neugewonnenen Freund.

Michael nahm den Fahrstuhl und stieg im Erdgeschoss aus. Als er auf dem Gehsteig lief, gingen ihm viele Gedanken durch den Kopf. Der riesige Erfolg von Eine Erde machte ihm schon fast ein wenig Angst. Es lief alles so glatt, so gut. Das hätte er nie erwartet. Allerdings machten ihm die Morddrohungen doch etwas zu schaffen. Der Polizist, der bei dem Monolog von Ayram dabei war, rief ihn schon mehrmals an, ob er in den nächsten Wochen Polizeischutz haben wolle. Er lehnte ab. So ein Leben könnte er nicht ertragen. Er wollte frei sein. Wir leben doch in einem sicheren Staat, dachte er immer wieder.

Inzwischen hatte es angefangen zu regnen. Eine fast schon kafkaeske Stimmung legte sich über das Viertel. Michael zog sich die Kapuze seiner Jacke tiefer ins Gesicht. Das Licht der Straßenlaterne fand scheinbar den Boden nicht mehr. Plötzlich hörte er Stimmen hinter sich. Als er sich umdrehte, um nach den vermeintlich Besoffenen zu schauen, spürte er einen festen Schlag an der Stirn. Der Schlag war so heftig, dass er sich nicht mehr auf den Beinen halten konnte. Er stürzte kopfüber auf den nassen Asphalt. Innerhalb von Sekunden waren vier oder fünf Paar Schnürstiefel um ihn versammelt.

„Na, du dreckiger Verräter? Wie fühlt man sich denn so als Kameradensau?" Wieder ein Schlag auf den Kopf. Diesmal war es ein Stiefel. Auf seinem Gesicht waren auf einmal viele Stellen, die sich wie Schleim anfühlten. Er bekam noch mit, dass sie ihn alle bespuckten. Allerdings war durch die Schläge auf seinen Kopf sein Bewusstsein getrübt. Er fühlte, dass jetzt jeder auf ihn eintrat und keine Körperstelle verschont blieb. Inzwischen spürte er den Schmerz kaum noch. Sein Bewusstsein schien ihn gleich zu verlassen. Dann war nur noch Dunkelheit.

Schock

Es war drei Uhr nachts, als das Handy von Karfu klingelte.

„Mist, ich habe vergessen, das Scheißding auszuschalten", schimpfte er vor sich hin. Dann drückte er auf den grünen Knopf. „Nein, das darf nicht wahr sein."

„Was ist denn los, Karfu?" fragte Susi mit verschlafener Stimme.

„Michael wurde zusammengeschlagen. Er liegt im Krankenhaus."

„Wie bitte? Was ist passiert?"

„Wir kommen sofort!" Karfu zog sich hastig an. „Susi, die haben den Michael ins Koma geprügelt. Diese Schweine!"

Auch Susi zog sich eilig eine Hose und eine Jacke an. Sie rannten in die Tiefgarage und fuhren zum Krankenhaus, wo schon die Polizei wartete.

„Können Sie uns sagen, seit wann diese Morddrohungen intensiver wurden? Wissen Sie, ob er wieder Kontakt zu seinen Ex-Kumpanen hatte?" fragte der Polizist, den sie durch die Aussage von Ayram kennengelernt hatten.

„Das weiß ich doch nicht!" entgegnete Karfu scharf. „Wie geht es Michael? Was um Gottes Willen haben diese Schläger angerichtet? Sie sind schuld daran, wenn er stirbt. Sie haben ihn da reingezogen."

Karfu schaute sich in dem riesigen Vorraum des Krankenhauses um. Dort saßen zwei ältere Herrschaften, die ihn mit verweinten Augen durchbohrten.

„Wer ist das denn?" fragte Karfu den Polizisten.

„Das sind seine Eltern", antwortete der Polizist.

„Was ist denn nun mit Michael?" fragte Susi.

„Er wird gerade operiert. Der Arzt sagte, dass es Stunden dauern kann."

„Oh nein. Oh nein. Oh nein." Susi begann zu weinen. „Der arme Junge!"

„Ja, fangen Sie nur an zu heulen", rief die Mutter von Michael. „Sie sind schuld, wenn er stirbt!"

„Wollen Sie warten?" fragte der Polizist.

„Ja, wir warten", bestimmte Karfu.

„Bitte kommen Sie im Laufe des morgigen Tages bei uns vorbei."

Dann verabschiedete sich der Polizist und ging auf die Eltern zu. Karfu und Susi hörten nicht, was der Polizist ihnen zu sagen hatte. Sie waren selbst so mit sich beschäftigt, dass sich alles um sie herum wie in Trance anfühlte. Als der Polizist ging, hinterließ er eine seltsame Leere. Susi und Karfu setzten sich auf eine kleine, weiße Bank. Der Empfang des Krankenhauses war nicht besetzt; es war ja mitten in der Nacht.

Die Eltern saßen auf der anderen Seite der Empfangshalle.

Die Mutter weinte ununterbrochen. Der Vater von Michael versuchte, sie zu trösten, doch die Frau schien untröstlich.

„Susi, was sollen wir tun? Bleiben wir hier sitzen oder gehen wir zu ihnen?"

Susi weinte noch immer. „Oh, Karfu, ich fühle mich so schlecht. Haben wir wirklich einen Teil der Verantwortung? Was tun wir, wenn er stirbt?"

„Ach, Schatz, wenn es wirklich so kommen sollte, dann hat er selbst seine Entscheidung getroffen. Aber jetzt sollten wir erst mal zuversichtlich sein."

Nun setzten sich die beiden auf eine Stuhlreihe, die an der Wand für wartende Patienten aufgestellt war. Nur zwischendurch eilte ein Angestellter des Krankenhauses über den Flur. Immer wieder wurde die unangenehme Ruhe durch das Weinen der Mutter unterbrochen.

„Wollen wir mal rübergehen?" fragte Karfu seine Freundin.

„Ich weiß nicht. Die wollen doch jetzt ihre Ruhe, oder?"

„Wahrscheinlich hast du recht."

So warteten die vier bis zum Morgengrauen. Inzwischen waren auch wieder mehrere Angestellte zu sehen, die Korridore wurden lebendig, doch die Operation war scheinbar noch nicht zu Ende. Plötzlich wurde es in der Ecke der Eltern von Michael unruhig.

„Gott sei Dank!" schrie die Mutter.

„Ich kann Ihnen aber nicht garantieren, welche Folgen das

Schädel-Hirn-Trauma mit sich bringt. Wir müssen die nächsten Tage abwarten. Die Operation verlief jedenfalls zufriedenstellend."

Susi fiel Karfu in die Arme. „Oh, Schatz, das hört sich doch erst mal gut an."

Doch Karfu sagte nichts.

„Sag doch was!" sagte Susi ungehalten.

„Weißt du, ein Schädel-Hirn-Trauma kann auch schlecht ausgehen."

„Wie meinst du das?"

„Das bedeutet erst mal Koma. Künstliches Koma."

„Jetzt hoffen wir mal das Beste."

Beide standen auf und gingen etwas zurückhaltend zu den Eltern, die angespannt auf der Wartebank saßen.

„Es tut uns leid für Ihren Sohn."

„Wir müssen uns entschuldigen. Das gestern war nicht fair von uns. Es war ja seine eigene Entscheidung."

„Was meinen Sie?" fragte Susi.

„Na, diese Talkshow von Speer."

„Wir haben ihn alle mehrmals auf seine Situation aufmerksam gemacht. Er wollte keinen Personenschutz."

„Ja, wir haben ihn auch hundertmal gebeten, das Angebot der Polizei anzunehmen."

„Dürfen wir fragen, wie es ihm geht?"

„Unser Sohn liegt im künstlichen Koma. Er erlitt Blutungen im Hirn und wird jetzt überwacht. Die Gefahr, dass Michael …" Der Vater brach ab, und die Mutter fing wieder an zu weinen.

„Wir werden jetzt nach Hause gehen. Hier ist unsere Telefonnummer. Bitte halten Sie uns auf dem Laufenden", sagte Susi zu den Eltern.

Als sie zu Hause ankamen, waren Ayram und Azul in heller Aufregung.

„Warum habt ihr uns nicht geweckt? Es kam schon im Morgenmagazin. Ich kann es gar nicht glauben."

„Azul, wir wussten beim Anruf der Polizei doch gar nicht, was Sache ist. Michael wurde bereits operiert. Allerdings wurde er am Kopf schwer verletzt. Er liegt im künstlichen Koma."

„Was bedeutet das? Wird er sterben?" Ayrams Stimme ging nach innen. Sie war den Tränen nah.

„Ehrlich gesagt kann ich nicht viel Auskunft geben. Es könnte besser aussehen."

„Diese Schweine!" schrie Azul. „Diese elenden Schweine. Aber wir werden nicht aufhören. Nein, wir werden es denen zeigen. Was sind das nur für Menschen?"

Dann brach Azul weinend zusammen. Ayram nahm ihn auf dem Boden sitzend in die Arme. Die beiden anderen setzten sich auf den Stuhl und ließen jetzt auch die Tränen fließen.

„Wir werden weitermachen“, sagte Karfu zu sich selbst.

Die traurige Nachricht

Am nächsten Tag klingelte während des Abendessens das Handy von Susi. Es war der Vater von Michael. Seine Stimme war dünn und brüchig.

„Michael ist soeben gestorben. Alles andere morgen oder übermorgen. Ich kann jetzt nicht mehr reden." Dann war die Leitung tot. Susi schaute in die Runde und fing bitterlich an zu weinen.

„Nein, bitte nicht!" schrie Ayram. „Bitte, bitte nicht!"

Jeder in der Runde war fassungslos. Dann schrien sie ihren Schmerz heraus.

„Michael, das hast du nicht verdient."

Karfu zog sich ins Schlafzimmer zurück. Susi folgte ihm. Nach wenigen Minuten wurde aus der Trauer Zorn.

„Warum tun die so was? Warum tritt man einem Menschen gegen den Kopf? Welche Gedanken gehen solchen Mördern durch den Kopf? Man tut doch nicht nur dem Menschen weh, der da vor einem liegt. Dieser Mensch hat doch auch immer ein Umfeld, das ihn liebt. Ich werde nie verstehen, was in diesen Köpfen vor sich geht."

Ayram konnte sich nicht mehr beherrschen. Sie schrie ihre Gedanken heraus: „Wenn die denken, wir hören auf, dann haben sie sich getäuscht. Wir werden unsere Werte weiter in die Welt tragen. Wir werden nicht nachlassen, diese

Faschisten zu stellen.“

Plötzlich klopfte es an der Tür. Azul nahm Ayram in die Arme und weinte mit ihr.

„Ja?“ Susi fragte, ob sie reinkommen dürfe. Azul nickte nur mit dem Kopf. Susi öffnete die Tür und begann zu sprechen.

„Ja, wir werden weitermachen. Das sind wir Michael schuldig. Wenn wir jetzt nachlassen, dann haben die gewonnen. Ich habe gerade ins Netz geschaut. Wir haben durch den Tod von Michael wieder einen starken Zulauf bekommen. Das erste Mal bekommen wir auch von anderen europäischen Ländern Mut zugesprochen, weiterzumachen. Unser Spendenkonto ist prall gefüllt. Wir werden es diesen Faschisten zeigen. Wenn ihr auch bereit seid, dann werden wir nächste Woche beginnen, unsere Aktionen in Deutschland zu koordinieren. Übrigens hatte Karfu die Idee, dass wir uns an den Kosten der Beerdigung beteiligen. Würdet ihr euch auch beteiligen wollen?“

Azul nickte. Dann ging Susi wieder aus dem Zimmer.

„Azul, wir sind trotz dieses Dramas auf einem guten Weg. Unsere Eltern werden am Ende des Tages stolz auf uns sein.“

„Ja, Ayram, das werden sie. Und trotzdem tut es so weh.“

Beerdigung von Michael

Die Beerdigung von Michael wurde eine der größten Trauerfeiern, die es je in Frankfurt gab. Die gesamte politische Elite des Bundeslandes Hessen war anwesend. Da durch die sozialen Netzwerke das Datum der Beisetzung durchgesickert war, kamen auch viele Menschen von weit her. Viele Bürger waren gekommen, um eine Demonstration gegen Rechts zu veranstalten. Es waren sogar einige Glatzköpfe auf der Beerdigung, die sich nicht mit diesem Mordanschlag identifizierten. Sie standen am Rande der großen Trauergemeinde. Es war eine traurige Wahrheit, dass eine Hundertschaft Polizisten aufpassen musste, damit es keine Probleme zwischen den verschiedenen Lagern gab. Natürlich passte nur ein Bruchteil der Menschen in die Kirche, in der die Trauerrede stattfand, die sich Azul, Ayram, Karfu und Susi teilten. Der Pfarrer gab dem Ganzen einen christlichen Rahmen, weil sich die Eltern von Michael das so wünschten.

Nachdem die ersten Lieder gesungen und die ersten Gebete gesprochen waren, machte sich Karfu auf den Weg zum Rednerpult.

„Liebe Trauergemeinde, sehr geehrte Politiker. Noch vor einer Woche hätte ich mir nicht vorstellen können, hier zu stehen. Niemals hätte ich erwartet, dass der Hass in Menschen, die für eine antidemokratische Politik in unserem Land stehen, so etwas anrichten könnte. Da unten liegt ein junger Mensch im Sarg, der noch so vieles vorhatte. Er wollte mit uns eine Bewegung groß machen, die diese Menschen zur Umkehr bewegen soll, obwohl er selbst noch vor Monaten auf einem Weg war, der in die falsche Richtung führte.

Wie Sie sehen können, bin ich ein farbiger Mensch. Aber diese Farbe sollte doch kein Grund sein, uns zu hassen. Unter dieser Haut ist doch alles genauso wie bei jedem anderen Menschen auf dieser Welt. Was, um Gottes Willen, bringt Menschen dazu, uns oder andere Menschen aus fremden Kulturen zu hassen? Warum, so frage ich Sie, werden viele Menschen wieder zu dem, was uns unsere Großeltern erzählt haben – nationalistische Machtmenschen, die denken, sie könnten sich über andere erheben?

Unsere Bewegung 'Eine Erde' wird in der nächsten Zeit aktiv sein. Wir wollen den Menschen zeigen, was Empathie heißt, was es bedeutet, für Schwächere da zu sein. Wir werden das zum Schimpfwort verkommene Wort 'Gutmenschen' wieder zu einem Begriff machen, der seine positive Bedeutung zurückgewinnt. Ich bin einer von denen, die aus Afrika gekommen sind und heute anderen Menschen als Arzt dienen dürfen – ganz egal, welche Hautfarbe sie von unserem Gott mit auf den Weg bekommen haben. Jeder, wirklich jeder Mensch hat Gaben. Ich habe die Gabe, anderen Menschen mit meinen medizinischen Kenntnissen zu helfen. Trotzdem passiert es mir immer wieder, dass Leute mich beschimpfen und mir Affenlaute hinterherrufen.

Diesen geistigen Brandstiftern wollen wir zeigen, dass im Grunde alle gleich sind. Wir sind nur an verschiedenen Orten dieser Welt geboren.

Michael, danke, dass wir deinen Wandel miterleben durften. Danke, dass du mit uns so viel bewegt hast. Es ist so schade, dass du die weiteren Schritte unserer Bewegung nicht mehr mitgestalten kannst." Die Stimme von Karfu begann zu brechen. „Bitte, sehr geehrte Politiker, bitte helfen Sie uns, diesen Ort zu einem besseren zu machen. Helfen Sie uns, dass die Flüchtlingsboote nicht mehr von der Kaimauer getreten werden. Helfen Sie uns, dass diese rechtsradikale Welle gebrochen wird. Sorgen Sie mit uns dafür, dass diese faschistische Partei aus den Landtagen und natürlich auch aus dem Bundestag verschwindet."

Karfu faltete sein Blatt zusammen und ging zurück auf seinen Platz. Susi wartete schon und nahm das Rednerpult ein.

„Ich möchte mich kurzfassen. Wir haben mit Michael einen Menschen verloren, der sich noch bis vor Kurzem auf einem falschen Weg befand. Er kam zurück in die Mitte der Gesellschaft und wollte vieles verändern. Er spürte offenbar, dass es nicht richtig ist, Menschen wegen ihrer Hautfarbe, ihrer Herkunft, ihrer Religion oder ihrer Kultur zu verurteilen. Wenn wir alle dafür aufstehen, unsere Werte zu verteidigen, dann können wir es schaffen, diese Welle der Faschisten zu stoppen. Ein Faschist, ein Nazi oder ein Menschenverächter wird nicht durch schöne Reden zum Wohltäter. Wir haben heute die Möglichkeit, diese Wölfe im Schafspelz zu stellen. Wir haben viele Aussagen im Netz, die zeigen, wer sie wirklich sind. Aber Michael stand nach seinem inneren Wandel für demokratische Werte ein. Er stand für Gerechtigkeit und er stand für Nächstenliebe. Er hat sich, trotz der Gefahr, der er letztendlich zum Opfer fiel, für all das eingebracht, was Sie in den letzten zehn Minuten gehört haben. Dankeschön!"

Nun ging Susi an ihren Platz, und Ayram trat ans Rednerpult.

„Sehr geehrte Damen und Herren, ich komme aus Burundi. Wie Sie hören, kann ich Ihre Sprache noch nicht so gut, aber ich werde daran arbeiten. Eigentlich wollte ich nur dem Krieg und den Unruhen in unserem Land entfliehen. Außerdem wollte ich nicht sterben. Auch wollte ich nicht verhungern. Ich wollte einfach meine Eltern stolz machen und ihnen von meinem selbstverdienten Geld etwas schicken, damit sie ein besseres Leben haben. Ich wollte verhindern, dass auch sie wie viele andere verhungern. Das Wasser, das über viele Jahre ausreichend vom Himmel fiel, wurde immer weniger. Wenn ich etwas verändern wollte, musste ich weggehen aus meinem Land, das ich so sehr liebe.

Ich verlor auf der lebensgefährlichen Flucht über das Meer mein Kind. Warum habe ich das getan? Weil wir als Familie nichts mehr anbauen konnten. Alles verdorrte. Weil sich durch den Klimawandel vieles veränderte. Bei uns regnet es nur noch ganz selten. Deshalb verhungern bei uns die Menschen. Kinder verhungern unter den Augen ihrer Eltern. Können wir als burundisches Volk etwas für diese Problematik? Nein, das können wir nicht. Michael hat das nach vielen Gesprächen und Aufklärung verstanden. Er wollte sein Wissen im Rahmen unserer Bewegung weitergeben. Leider kam ihm die Rache dieser bösen Menschen zuvor. Michael, wir kämpfen weiter. Auch für dich!"

Azul war der Letzte in dieser viergeteilten Rede.

„Was soll ich noch sagen? Es wurde schon so viel gesagt, was wahr ist. Vielleicht noch ein paar Worte an euch, liebe Eltern. Es tut mir unendlich leid, dass euch Michael weggenommen wurde. Er wollte einen neuen Weg gehen. Er wollte für andere Menschen da sein und unsere Werte verbreiten. Ich möchte ein Teil dessen sein, was uns als Gesellschaft ausmachen sollte. Wie sagt ihr in Deutschland … Multikulti sollte unsere Gesellschaft prägen. Wir alle leben doch auf diesem einen Planeten. Die Grenzen wurden von uns Menschen festgelegt. Brauchen wir Grenzen? Wir arbeiten doch global zusammen. Sollten wir nicht die Mauern in unseren Köpfen einreißen und eins werden? Was hindert uns daran? Michael, wir werden daran arbeiten und uns engagieren. Wir werden unsere Ideen einbringen. Das sind wir dir schuldig. Wir stehen erst am Anfang, aber wir werden etwas bewegen. Für dich.“

Als Azul an seinen Platz zurückkehrte, passierte etwas, das diese große Kirche noch nie erlebt hatte. Alle Trauergäste standen auf und zollten den Rednern langen Applaus. Die meisten hatten Tränen in den Augen.

„Was für ein Augenblick“, sagte Susi zu den anderen.

Danach rundete der Pfarrer die Trauerfeier ab. Als der Sarg

dann aus dem Kirchenschiff nach draußen getragen wurde, standen die Eltern auf und folgten dem Pfarrer. Dann schlossen sich die meisten dem Trauerzug an. Überall auf dem Weg zum Friedhof war zu sehen, dass dies keine gewöhnliche Trauerfeier war. Polizisten und Demonstranten säumten den Weg. Auch Nazis riefen ihre schlimmen Parolen. Am Grab sagte der Pfarrer noch ein paar Worte zum Werdegang von Michael. Dann kam der schlimmste Teil der Zeremonie: Der Sarg wurde langsam in die Grube gelassen. Die Eltern von Michael standen dabei und weinten herzzerreißend. Sie wurden von ihren Angehörigen immer wieder getröstet. Ayram, Azul, Susi und Karfu standen ein paar Meter entfernt von den Eltern. Dann gab jeder der Anwesenden eine Schaufel Erde in die Grube. Das war der letzte Akt, der den Abschied von Michael besiegelte.

Innerhalb einer Stunde löste sich alles auf. Die vier schlenderten nachdenklich zurück zur Kirche, auf deren Parkplatz sich ihr Wagen befand. Jetzt erst bemerkten sie, welch ein großer Pressepulk sich auf dem Gelände versammelt hatte. Sie liefen nun etwas schneller, um den Journalisten zu entkommen, die vielleicht noch Interviewwünsche hatten. Die vier wollten jetzt einfach ihre Ruhe.

Daheim zogen sie sich zurück, um all das verarbeiten zu können.

Erste Schritte in ein neues Leben

Nach vier Wochen hatten die vier ihre erste Aktion hinter sich. Der Tod von Michael hatte zur Folge, dass noch weitere drei Millionen Follower hinzukamen. Die Mitgliederzahl wuchs auf über 50.000. Susi überlegte, ob sie ihren Job als Journalistin aufgeben sollte. Auch Karfu hatte diesen Gedanken. Beim Abendessen diskutierten die vier, ob sie ihr bürgerliches Leben ganz aufgeben sollten, um sich ganz dem Projekt „Eine Erde" zu widmen.

„Ich weiß nicht recht, was richtig ist. Wir haben hier eine gewisse Sicherheit. Sollten wir diese wirklich aufgeben? Wie sollen wir weitermachen? Ich habe wieder Berge von Post bearbeitet. Auf die Stellenanzeige, die wir bezüglich eines Managers im Bereich der Ökoszene, der oder die uns unterstützen könnte, geschaltet haben, haben wir 20 Kandidaten und Kandidatinnen. Aber wenn wir das europaweit aufziehen wollen, dann müssen wir reisen. Es sollte an jeder Stelle, an der wir unsere Aktionen durchführen, einer von uns vor Ort sein. Das heißt, wir können anfänglich nur vier Aktionen pro Woche veranstalten. Wir sollten aber die Gunst der Stunde nutzen. Wir sind auf fast jedem Titelblatt in Europa."

„Was haltet ihr davon, wenn wir noch vier einstellen, denen wir sozusagen eine Vollmacht geben, unsere Aktionen durchzuführen?"

„Wir müssen aber aufpassen, dass wir weiterhin glaubwürdig bleiben", warf Ayram ein.

„Du hast recht. Aber ich denke, wir sollten es versuchen", erwiderte Azul.

„Wie sollen unsere weiteren Aktionen aussehen?"

„Wir versuchen, unsere Mitglieder dazu zu bringen, zum Beispiel große Hallen anzumieten und über die sozialen Netzwerke aufzurufen, unsere Aktionen zu besuchen. Zu den Veranstaltungen werden wir uns bekannte Dozenten holen, die die verschiedenen Gründe des Klimawandels aufzeigen. Die nächste Aktion könnte sich mit dem Kolonialismus beschäftigen. Oder dem Holocaust. Oder dem versteckten Rassismus. Für jedes Thema brauchen wir, wie schon gesagt, Dozenten, die weltweit bekannt sind. Nach jeder Veranstaltung sollte eine Demo stattfinden, die Tausende von Bürgern besuchen könnten. Wir brauchen maximale Aufmerksamkeit", schloss Karfu seinen Monolog.

„Wenn das der Rahmen sein soll, dann können wir beide nicht mehr unseren originären Job ausüben", sagte Susi nachdenklich. „Die Kolumne könnten wir weiter nutzen, um die Menschen auch durch Printmedien zu informieren. Allerdings sollten wir uns nach einer richtig großen Zeitung umsehen."

„Unser Leben wird nicht mehr das sein, was wir bisher kennen." Karfu sagte das mit einem Unterton, der alle aufhorchen ließ.

„Hast du Angst, Schatz?"

„Nein, Susi, aber wir sollten uns darüber klar sein, dass wir wie Politiker im Rampenlicht stehen."

„Du denkst an Michael, oder?"

„Ja, Schatz, ich denke an Michael. Und ich denke an viele Politiker, die wegen ihrer Überzeugung schwer verletzt oder auch schon getötet wurden. Wir sind in wenigen Wochen nicht mehr weit weg von dem Handwerk ‚Politik'. Das flößt mir Respekt ein. Könnt ihr das verstehen?"

„Ja, Karfu, das kann ich sehr gut verstehen. Aber auf der anderen Seite haben wir jetzt, genau jetzt, eine große Möglichkeit, Dinge zu ändern. Zum Guten hin ändern. Diese Möglichkeit zu verspielen wäre fast schon eine Sünde."

„Es wäre eine Sünde!" sagte Azul.

„Deshalb sollten wir dranbleiben und all unsere Kraft in dieses Projekt stecken. Wer weiß, vielleicht können wir in ein paar Jahren auf einen Erfolg zurückschauen, den wir jetzt noch gar nicht einschätzen können. Da war doch was bei Euch in Europa. War es nicht eine junge Frau, die im Bereich Klimaschutz eine riesige Welle von Demos ausgelöst hat?"

„Genau. Ich könnte mir vorstellen, dass auch uns so etwas gelingen könnte", sagte Susi.

„Ich würde folgende Vorgehensweise vorschlagen", erklärte sie weiter.

„Wir beide kündigen unseren Job. Ich schau, dass wir eine große Zeitung für unsere Kolumne bekommen. Das gibt noch zusätzliches Geld. Durch unser Spendenkonto können wir alles finanzieren, was wir vorhaben. Und wenn ich sage alles, dann meine ich alles. Wir haben Leute hinter uns, die richtig reich sind. Wenn ihr einverstanden seid, dann stelle ich mit Karfu zusammen Leute ein, die uns unterstützen können. Dadurch haben wir die Möglichkeit, uns einmal die Woche zu sehen. Vielleicht montags nach den Aktionen am Wochenende. Wir sollten ständig in den Medien auftauchen und unsere Positionen vertreten."

„Das hört sich gut an, Schatz. Die Wohnung können wir, solange wir mit unserer Bewegung unterwegs sind, vermieten, oder?"

„Das würde ich nicht tun", antwortete Susi. „Wir brauchen vielleicht auch mal Urlaub. Und ich möchte ehrlich gesagt einen Platz haben, den ich mein Zuhause nennen kann. Wir können es uns leisten, Karfu."

„Ich glaube, dass Susi recht hat. Im Übrigen danken wir euch tausendmal, dass wir uns bei Euch heimisch fühlen dürfen", sagte Ayram.

„Ayram, unser Zuhause ist euer Zuhause. Wenn ihr nicht in unser Leben gekommen wärt, dann hätten wir niemals so etwas auf die Beine stellen können. Wir haben euch zu danken. Lasst uns in den Arm nehmen." Wie auf Kommando standen die vier auf und bildeten einen Kreis.

„Wir schaffen das!" Das sollte der Slogan sein, der die vier noch zu vielen Erfolgen führen sollte.

Erste große Erfolge

Während des ersten Jahres lief alles genauso, wie sich die vier es vorgestellt hatten. Susi hatte bei der Auswahl der Mitarbeiterinnen ganze Arbeit geleistet: 18 Frauen waren in Europa für „Eine Erde" unterwegs, alle mehrsprachig und mit mindestens vier Sprachen ausgestattet, was vieles erleichterte. Die Mitgliederzahl in Europa war inzwischen bereits auf 200.000 angewachsen, was natürlich für die Finanzierung der nun weltweit bekannten Bewegung sehr nützlich war. Immer wieder trafen Großspenden ein, die einen größeren Radius für Veranstaltungen ermöglichten. Die Medien berichteten nun umfassend über alles, was mit „Eine Erde" in Zusammenhang stand, und die Fortschritte der Bewegung wurden genau beobachtet. Inzwischen musste jeder von ihnen Interviews geben. Das war aber kein Problem für das Quartett, denn alle brannten für ihre Berufung. Bei ihren wöchentlichen Treffen versuchten sie stets, ihre Termine zu koordinieren. Susi hatte inzwischen noch eine weitere Frau an ihrer Seite, die ihr als Assistentin zur Hand ging.

Karfu hatte für das nächste Treffen in Berlin ein Hotel gemietet. Er wollte diesmal alle Mitarbeiterinnen einladen, um das Gesamtprojekt besser koordinieren und einen Austausch ermöglichen zu können. Es war ein bekanntes Hotel, und als die Öffentlichkeit von dem Vorhaben Wind bekam, stand die europäische Presse vor dem großen

Gebäude.

Nachdem sich alle Mitarbeiterinnen in diesem riesigen Hotel versammelt hatten, wurden sie vom Hotelpersonal in einen großen Raum geführt, der bereits vorbereitet war. Susi trat nun ans Rednerpult, um die Anwesenden zu begrüßen.

„Hallo, ihr Lieben! Ich freue mich sehr, dass wir uns nach einem Jahr schöner Arbeit alle hier zusammengefunden haben. Da Karfu und ich für die Auswahl von euch zuständig waren und ihr in erster Linie mit uns zu tun hattet, möchten wir euch auch Azul und Ayram vorstellen, die mit uns die Bewegung 'Eine Erde' gegründet haben. Vielleicht sagt ihr beide ein paar Worte über euch."

Nachdem die beiden sich vorgestellt hatten, wurden verschiedene Themenbereiche besprochen. Susi schlug vor, dass ihre ständige Begleiterin Anna als Pressesprecherin eingesetzt werden sollte. „Ich fände es gut, wenn wir morgen um zehn eine Pressekonferenz einberufen. Dann wären wir alle da und könnten etwas über unsere Arbeit erzählen. Außerdem habe ich vorhin gesehen, dass eine der größten Zeitungen der USA hier ist. Das wäre doch eine super Gelegenheit, aus unserer europäischen Bewegung eine weltweite Bewegung zu machen, oder?" Susi erntete großen Applaus.

Am Abend gab es ein opulentes Mahl und viele persönliche Begegnungen. Da alle dasselbe Ziel und dieselben Werte teilten und wussten, dass sie etwas bewegen konnten, waren sie sich innerlich schnell nah. Die Atmosphäre hätte an diesem Abend nicht besser sein können; Hautfarbe spielte nie eine geringere Rolle als an diesem schönen Abend.

Susi und Karfu zogen sich während der allgemeinen Unterhaltung auf die angrenzende Terrasse zurück. „Danke, Schatz." – „Wofür bedankst du dich?" – „Für die Idee, heute dieses Event zu veranstalten. Wir sollten das mindestens viermal im Jahr tun. Ich finde diesen Austausch enorm wichtig."

Ayram, die scheinbar etwas Wichtiges verkünden wollte, trat ebenfalls auf die große Terrasse, die einen herrlichen Blick auf die wunderschöne Stadt Frankfurt bot. „Habt ihr schon gehört, dass Herr Speer ein großes Interview gegeben hat? Er berichtet, wie begeistert er schon beim ersten Treffen mit uns war und dass ihm bereits damals klar war, dass wir Erfolg haben würden." Ayram war ganz außer sich vor Freude. „Er sagte, dass er uns demnächst wieder einladen möchte, damit wir ihm über unsere Fortschritte berichten können."

„Ayram, das habe ich noch nicht gehört. Das wäre natürlich super! Ein solcher Auftritt würde unsere Popularität weiter steigern. Aber wir sollten uns jetzt auch auf Talkshows in anderen Ländern konzentrieren. Gerade in Ländern wie Italien, Spanien oder auch Frankreich, wo die Rechten auf dem Vormarsch sind, müssen wir aktiv werden. Dort sollten wir als Viererteam auftreten, um unsere Bewegung so stark wie möglich zu präsentieren." – „Da ist was dran," sagte Ayram nachdenklich.

Nachdem alle in ihre Zimmer gegangen waren, saßen die vier noch an der Bar. „Ich kann es immer noch nicht fassen." – „Was meinst du, Liebling?" – „Was wir auf die Beine gestellt haben." – „Da hast du einen großen Anteil dran, Susi," erwiderte Azul. – „Nein, nein, wir alle haben dazu beigetragen, dass wir da stehen, wo wir jetzt stehen. Ich finde es auch wichtig, dass wir es geschafft haben, die Verantwortung auf mehrere Schultern zu verteilen. So haben wir auch immer mal wieder Zeit, uns zu treffen und neue Wege zu suchen, wie wir die Faschisten unter die Fünf-Prozent-Hürde drücken. Wir schaffen das!"

„Habt ihr die letzte Sonntagsfrage schon gesehen?" freute sich Karfu. „Die Nazis haben zwei Prozentpunkte verloren. Natürlich können wir das nicht nur auf unsere Aktivitäten schieben, aber einen kleinen Anteil haben wir sicher daran, dass diese Faschisten unpopulärer werden." – „Auf uns," prostete Azul allen zu.

Die Welt steht offen

Die Nacht war nicht gerade ruhig. Auf einer angrenzenden Straße zogen Nazis vorbei, die die Nachtruhe der verschworenen Einheit stören wollten. Wieder einmal wurde durch die sozialen Netzwerke bekannt, wo sich die Mitarbeiter der neuen Bewegung befanden. Am Morgen waren viele ziemlich müde.

„Diese Deppen haben mir den Schlaf geraubt", beschwerte sich Susi.

„Da sagst du was. Ich habe auch auf der falschen Seite des Hotels geschlafen. Zum Glück hatten wir uns für den Polizeischutz entschieden", merkte Ayram noch an.

Nach dem Frühstück, bei dem es noch ziemlich leise war, wurde es lebendiger. Alle wussten, was auf dem Spiel stand. Wenn sie die Journalisten aus den USA von ihrer Authentizität überzeugen würden und was ihre Bewegung auch in den Vereinigten Staaten von Amerika auslösen würde, hatten sie gewonnen. Der riesige Raum war überfüllt. Die führenden Damen und Herren der Bewegung „Eine Erde" saßen ganz vorne und waren bereit, von den Journalisten gelöchert zu werden. Azul konnte es nicht fassen, dass wirklich aus allen europäischen Ländern Journalisten gekommen waren. Und dann war da ein gewisser Mister Smith, der aus den Staaten kam.

Die Pressesprecherin eröffnete die Konferenz. Nach einer

freundlichen Begrüßung lud sie dazu ein, Fragen zu stellen. „Was wollen Sie mit Ihrer Bewegung denn erreichen?" Die Pressesprecherin gab weiter an Susi, die wiederum die Werte dieser Bewegung und die Wichtigkeit betonte, in dieser schwierigen Zeit eben nicht zu schweigen. Susi schaute zu Mister Smith und hoffte, dass auch er demnächst eine Frage stellen würde. Nachdem fast alle europäischen Teilnehmer ihre Fragen gestellt hatten, schaute Susi immer wieder zu Mister Smith.

Dann tat Susi etwas, das in einer Pressekonferenz sehr ungewöhnlich war. „Jetzt waren doch alle meiner geschätzten Kollegen dran. Nur unser werter Kollege aus den Staaten meldete sich noch nicht. Mister Smith, ich sah Sie nur die ganze Zeit schreiben. Wir stehen natürlich auch für Sie zur Verfügung." Schmalziger ging es wohl nicht, dachte Karfu bei sich. Doch der Erfolg gab Susi recht. Nachdem er im ersten Moment etwas verdutzt aus der Wäsche schaute, war erst mal Ruhe. Alle Blicke waren auf ihn gerichtet.

„Ja, ich hätte da tatsächlich eine Frage. Könnten Sie sich wirklich vorstellen, dass Sie auch in meiner Heimat mit Ihren Werten, die zugegebenermaßen schon etwas speziell sind, etwas erreichen könnten? Sie wissen um die Popularität der Republikaner in meinem Land."

Das war genau das, was Susi erwartet hatte. Ein Schlag gegen das Schienbein. Und das alles freundlich verpackt. „Mister Smith. Erst einmal vielen Dank für Ihre Frage."

Sie wusste ganz genau, dass es jetzt auf jedes Wort

ankommen würde.

„Wir wissen natürlich sehr genau, wie Amerika politisch tickt. Und wir wissen auch, dass Sie in Ihrem Land ähnliche Probleme wie wir Europäer haben. Für uns von ‚Eine Erde‘ wäre es trotzdem sehr interessant, ein paar Aktionen in den USA durchzuführen und auf die Reaktion der Bürger zu warten. Vielleicht könnten Sie ja in einem Artikel über all das, was Sie heute hörten, berichten. Wir jedenfalls wären offen.“

Uff. Geschafft, dachte Susi.

Danach beendete die Pressesprecherin die Konferenz.

'Eine Erde' wird weltbekannt

Drei Wochen später erhielt Susi einen Anruf, den sie in dieser Form nicht erwartet hatte. „Smith" ertönte es am anderen Ende der Leitung. Susi setzte sich sofort. „Susi, Sie wissen, wer spricht?" fragte Smith. „Ja, Mister Smith, das weiß ich sehr wohl." Susi spürte, wie ihre Stimme leicht nach innen ging. „Ich habe folgenden Vorschlag," fuhr Smith fort. „Ich habe die Nummer einer Gouverneurin aus dem Lager der Demokraten. Wenn Sie mir schriftlich zusichern, dass ich die Exklusivrechte für alle Aktivitäten von 'Eine Erde' in den USA erhalte, dann gebe ich Ihnen diese Nummer. Es wäre eine Chance, Ihre Bewegung auch auf der anderen Seite des Atlantiks bekannt zu machen."

„Das hört sich gut an, aber ich möchte das erst mit meinen Kollegen und Kolleginnen besprechen."

„Kein Problem," erwiderte Smith. Die beiden verabschiedeten sich, und Susi blieb nachdenklich auf ihrem Bürostuhl zurück. Sie rief die anderen drei an, und in einer Konferenzschaltung berieten sie, inwieweit sie sich auf diesen Deal einlassen sollten. Natürlich wussten die vier, dass Smith auch kritische Artikel schreiben könnte, was sich negativ auf die bislang makellose Bilanz von „Eine Erde" auswirken könnte. Smith arbeitete immerhin für eine der größten und einflussreichsten Zeitungen der Welt. Nach reiflicher Überlegung entschieden sie jedoch, den Schritt über den Atlantik zu wagen.

Am nächsten Tag rief Susi Smith an und erhielt einige Tage später die Nummer der Gouverneurin. Als Susi die Nummer wählte, spürte sie das heiße Kribbeln in ihrem Gesicht, das sie immer dann bekam, wenn sie sehr aufgeregt war. „Davis," hörte sie eine sanfte Frauenstimme am anderen Ende sagen.

„Hallo, Frau Davis. Hier spricht..."

„Ich weiß sehr genau, wer da spricht. Ich kenne Ihre Bewegung und bin sehr beeindruckt von Ihrem großen Engagement." Damit hatte Susi nicht gerechnet. Smith musste der Gouverneurin schon einige Informationen weitergegeben haben.

„Das freut mich sehr, Mrs. Davis."

„Bitte nennen Sie mich Emily."

In dem folgenden Gespräch legten sie Orte für mögliche Veranstaltungen von „Eine Erde" fest, an denen die Bewegung in den USA am meisten bewirken könnte. Auch dort gab es immer wieder Probleme mit Rassismus, und Emily Davis, selbst eine Schwarze Frau, wusste genau, wie schwierig es war, sich als Minderheit durchzusetzen. Sie hatte den Werdegang von Azul und Ayram schon seit Monaten verfolgt.

Emily Davis lud die vier spontan in ihren Bundesstaat ein, um die Details vor Ort zu besprechen. Zwei Monate nach diesem Gespräch standen die vier in Maryland vor einer riesigen Halle. Emily war mit einer Delegation gekommen, um alles perfekt zu organisieren. Auch Mister Smith war dabei. Karfu war tief beeindruckt von der schieren Größe der Halle und den Möglichkeiten für eine Großveranstaltung auch im Außenbereich. Nach der Begrüßung fragte Susi die Gouverneurin, woher ihr großes Interesse an „Eine Erde" rührte.

„Wissen Sie, Susi," erklärte Emily, „die Politik der Republikaner ist so oft menschenfeindlich, besonders dieser größenwahnsinnige Ex-Präsident, der möglicherweise wieder kandidieren wird. Er hat so viel in unserem Land zerstört, dass ich schockiert war und begann, mich intensiver mit der Flüchtlingsproblematik auseinanderzusetzen. Sie wissen ja, dieser Wahnsinnige ließ Mauern und Zäune errichten, um Flüchtende fernzuhalten. Wir werden in den nächsten Jahren aus den unterschiedlichsten Gründen noch viele Flüchtlinge auf der Welt haben. Deshalb ist es so wichtig, dass wir Nationalismus weltweit bekämpfen. Auch der Name Ihrer Bewegung ist sehr treffend – 'Eine Erde'. Denn auf dieser Erde leben wir alle, und die Grenzen wurden von uns Menschen geschaffen. Nach Jahren der Unterdrückung und Ausbeutung werden die Menschen sich auf den Weg machen, um sichere Ufer zu finden. Solche Bewegungen wie Ihre sind deshalb so wichtig."

Susi spürte, dass Emily Davis sich mit allem, was „Eine Erde" ausmachte, eingehend befasst hatte. „Wie schön, dass wir Sie kennenlernen durften. Wir werden auch hier versuchen, unsere Werte den Menschen nahezubringen."

„Ganz sicher wird Ihnen das gelingen, Susi." Die beiden Frauen nahmen sich in den Arm. „Vereinbaren Sie mit meinem Team alle notwendigen Details. Alles Gute für Ihre Aktionen." Dann stieg Emily wieder in ihre Limousine und fuhr davon.

Mister Smith dokumentierte alles Wichtige und führte einige Interviews. „Was möchten Sie mit diesen Aktionen erreichen?" fragte er Karfu.

„Wir wollen den Menschen weltweit zeigen, dass Flüchtlinge keine Menschen zweiter Klasse sind, die man nach Belieben hin- und herschieben kann. Die Ausgrenzungspolitik gegenüber afrikanischen Ländern zeigt jetzt Konsequenzen. Lösungen, die Autokraten für richtig hielten, sind nicht auf Dauer tragfähig. Wir müssen weltweit neu denken, und dieses neue Denken wollen wir verbreiten. Außerdem möchten wir auf Menschen aufmerksam machen, die aus purer Not ihre Heimat verlassen und riskieren, das Meer zu überqueren, um ein Leben in Freiheit und Sicherheit zu finden. Afrika war nur für etwa drei Prozent des weltweiten CO_2-Ausstoßes verantwortlich, trägt aber die Hauptlast der Klimakrise, obwohl die Menschen dort kaum zu dieser Katastrophe beigetragen haben. Wir können nicht so tun, als ginge uns das nichts an."

„Vielen Dank," erwiderte Smith.

Am Abend gingen die vier ins Hotel und bezogen ihre Zimmer. Vorher verabredeten sie sich noch für den Abend in der Bar. Die Zimmer waren, wie das ganze Hotel, sehr edel.

Ayram ließ Wasser in die Wanne ein. „Azul, weißt du noch, wie wir in der Asylunterkunft in Spanien ankamen? Was hat sich seither alles getan?“

„Jeden Morgen kneife ich mich, um sicherzugehen, dass das alles wahr ist. Wir haben so viel bewegt, und ich hätte Michael gewünscht, dass er das auch erleben könnte.“ Ayram legte sich ins Schaumbad. „Komm doch mit rein,“ lockte sie. Azul grinste. „Da lasse ich mich nicht zweimal bitten.“

„Denkst du, dass wir in Maryland Erfolg haben werden?“ fragte sie. „Ja, das werden wir. Du hast ja gesehen, was sich in Europa alles getan hat. Auch hier werden wir etwas bewegen.“

Am Abend saßen die vier in einer gemütlichen Lounge und legten die Strategie für den Ausbau ihrer Bewegung auf dem neuen Kontinent fest. „Wir haben es tatsächlich geschafft,“ begann Susi. „Wir sitzen hier in den Staaten und haben die Chance, Veränderungen anzustoßen. Ich werde, wenn ihr einverstanden seid, unser Personal weiter aufstocken, und Karfu wird mich wie immer unterstützen.“ Karfu beugte sich zu ihr und küsste sie sanft.

„Wir brauchen hier Dolmetscher und können uns auch Mitarbeiter auf Zeit nehmen. Und schaut mal ins Netz,“ sagte Susi mit einem Lächeln. „Wir haben inzwischen 30 Millionen Follower und viele Sponsoren, darunter 20 große und finanzstarke. Besonders freue ich mich über die vielen kleinen Spenden von Menschen, die jeden Cent zusammenhalten müssen.“

Karfu und Ayram schauten sie verblüfft an. „Wie kam es zu

diesem unglaublichen Anstieg?" fragte Ayram.

„Es sind die vielen Interviews und die Medienpräsenz. Unsere Website wird ständig gepflegt und hält uns präsent. Leute, das alles wird jetzt richtig groß."

„Das kann man wohl sagen," warf Azul ein. „Dieser Erfolg ist fast unheimlich."

„Auf der einen Seite stimmt das," sagte Susi. „Aber wir haben es uns hart erarbeitet. Solange wir authentisch und bescheiden bleiben, wird alles gut sein. Wir haben in Deutschland wirklich viel erreicht. Die Nazis haben einige Prozentpunkte verloren. Und in Europa läuft es ebenfalls sehr gut. Unsere Präsenz zwingt Politiker dazu, sich mit diesen unbequemen Themen zu beschäftigen. In den USA wird es jedoch schwieriger. Die Konservativen hier sind größtenteils vergleichbar mit den Rechten in Europa, und Rassismus ist hier genauso präsent wie dort. Der Wind wird uns ins Gesicht blasen, aber wir werden unsere Werte verteidigen. Das hat uns stark gemacht und wird uns weiter stark machen."

„Hey, du sprichst schon fast wie eine Politikerin," scherzte Karfu.

„Ganz ehrlich," begann Susi nachdenklich, „ich habe tatsächlich darüber nachgedacht, ob wir jetzt mit dieser Popularität eine Partei gründen sollten. In Deutschland haben die Nazis an Zustimmung verloren. Warum sollten wir nicht auch hier Akzente setzen?"

„Ich weiß nicht, ob wir uns das zumuten sollten," überlegte

Azul. „Im Moment haben wir doch alle Hände voll zu tun. Wir sind ständig auf Reisen.“

„Das müssen wir nicht gleich entscheiden. Wir lassen den Gedanken reifen. Unsere Leute halten das Tagesgeschäft im Griff. Wenn das hier in den Staaten erst mal läuft, müssen wir nicht bei jeder Veranstaltung dabei sein.“

„Ich denke, das war ein schönes Schlusswort. Wollen wir schlafen gehen?“ fragte Karfu.

„Was denkst du über Susis Idee?“ fragte Ayram, als die beiden im Bett lagen.

„Ich bin unsicher. Im Moment haben wir ja wirklich viel zu tun. Für eine Parteigründung bräuchten wir Menschen, die genauso denken wie wir.“

„Das wäre das kleinste Problem. Wenn wir die Idee online stellen, haben wir morgen 1.000 Leute, die mitmachen würden.“

„Lass uns Zeit, um darüber nachzudenken. Gute Nacht.“

„Gute Nacht,“ murmelte Ayram und glitt langsam in den Schlaf.

Zehn Jahre später

„Ayram, schaust du bitte nach der Kleinen? Ich bin gerade bei unserer großen Tochter." Ayram war gerade dabei, in dem großen Garten die Blumen zu pflanzen, die dann hoffentlich in den nächsten Wochen richtig anwachsen würden. Auf der großzügigen Terrasse standen die schönen Gartenmöbel aus Holz, die die beiden letzte Woche besorgt hatten.

Ayram setzte sich zu Azul. „Endlich mal zwei Wochen Urlaub. Wie herrlich ist das denn?"

„Mich plagt schon ein wenig das schlechte Gewissen", antwortete Ayram. „Mitten im Wahlkampf sollten wir uns eigentlich nicht absetzen."

„Schatz, nächste Woche sind wir wieder dabei. Aber auch wir sind nur Menschen. Deshalb war es eine gute Entscheidung."

Dann schauten die beiden still auf die grünen Bäume und die Äcker hinter dem Haus, die sie schon so oft genossen hatten. Ihre Kinder kuschelten sich an die beiden. Sie waren so dankbar für das, was sie in den zurückliegenden Jahren erleben durften. Beide dachten an das Hotel in Maryland, als Susi das erste Mal von einer Parteigründung anfing. Beide waren am Anfang eher skeptisch bezüglich der Idee, in die Politik einzusteigen. Aber es war im Nachhinein genau die richtige Entscheidung. Es dauerte nach dieser Idee zwar noch zwei Jahre, bis alles vorbereitet war für den Einzug in den Bundestag. Die Partei „Eine Erde" kam aus dem Stand auf 8 Prozent. Allerdings war in den ersten Jahren harte Oppositionsarbeit angesagt. Aber sie waren drin im Bundestag. Das war das Wichtigste. Beim zweiten Anlauf waren es schon 18 Prozent. In dieser Legislaturperiode hatten sie sogar Regierungsverantwortung. Nun waren die Prognosen sogar bei 23 Prozent.

„Hast du unserer Tagesmutter Bescheid gesagt wegen heute Abend?"

„Ja, sie kommt um sechs", antwortete Ayram. Am Abend war eine Wahlkampfrede nicht weit von ihrem Wohnort anberaumt. Susi würde die Rede halten. Schon in ihren vorherigen Reden war die Kanzlerkandidatin stark. Sie wollte unbedingt die 25 Prozent. Auch die anderen Politiker von „Eine Erde" gaben überall in Deutschland alles, um die Partei nach vorne zu bringen. Aber Susi war wie auch schon in früheren Zeiten das Zugpferd.

Als Ayram und Azul an der Halle ankamen, war es brechend voll. Jeder Parkplatz war besetzt. Auch in der Halle war schon eine halbe Stunde vor Beginn der Rede jeder Platz besetzt. Für Ayram und Azul waren in der ersten Reihe zwei Plätze reserviert. Die beiden gingen noch hinter die Bühne, um Susi Mut zuzusprechen. Susi war wie immer die Ruhe selbst. „Hallo, ihr beiden. Schön, dass ihr euren Urlaub wegen mir unterbrochen habt." Bei dieser Aussage musste sie selbst schmunzeln. Natürlich wusste sie, dass die beiden von jedem Platz der Welt kommen würden, um die Partei zu unterstützen.

„Würdet ihr nachher nach meiner Rede noch ein paar Worte sagen?"

„Das ist doch selbstverständlich", sagte Ayram. Nachdem sich die drei noch einmal in den Arm genommen hatten, setzten sich die beiden auf ihren reservierten Platz. Neben ihnen war noch ein zusätzlicher Platz reserviert. Karfu hatte am Nachmittag auch eine Wahlkampfveranstaltung und angekündigt, dass es später werden würde. Man hörte das gewohnte Grundrauschen, wenn viele Menschen zusammen sind. Als Susi auf die Bühne kam, tobte der Saal. Sie hatte während der letzten Legislatur den Posten des Außenministers inne. Insgeheim hoffte sie auf den höchsten Posten des Landes. Sie wollte ins Kanzleramt. Wie die anderen Parteien, die bei den Umfragen teilweise über 20 Prozent lagen, konnte auch „Eine Erde" einen Kanzlerkandidaten benennen. Man hatte Susi auserkoren.

Susi stand schon fünf Minuten am Rednerpult. Aber der Applaus wollte einfach nicht verstummen. Dann näherte sie sich dem Rednerpult und fing an zu sprechen. Langsam verebbte der Beifallssturm.

„Danke, liebe Freunde und Freundinnen. Es ist mir eine Ehre, da oben zu stehen. Es ist mir eine Ehre, hier oben für eine Partei werben zu dürfen, für deren Werte ich so brenne. Viele von euch kennen mich schon sehr lange. Vielen von euch gehe ich schon ewig auf den Wecker." Von allen Seiten kam jetzt Gelächter. „Weil es mir einfach so wichtig ist, dass wir unseren Erfolg nutzen, um etwas zu bewegen. Ich duze euch, weil ich bestimmt mit sehr vielen im Raum in den sozialen Netzwerken Kontakt hatte. Es tut so gut, hier zu sein." Wieder brandete der Applaus auf.

„Wir haben es geschafft. Wir haben schon jetzt Regierungsverantwortung. Jeder von euch kennt unsere Gesichter. Ayram und Azul ... steht doch bitte mal auf."

Die beiden standen auf und winkten in die Menge.

„Mit ihnen, liebe Freunde, haben wir eine weltweite Bewegung in Gang gesetzt. Wir hatten schon von Anfang an eine Vision. Wir wollten etwas verändern. Wir wollten die Nazipartei aus dem Bundestag werfen. Wir wollten den Menschen zeigen, dass Multi-Kulti funktioniert. Wir wollten Alternativen aufzeigen. Besonders im Bereich Migration. Das alles haben wir geschafft. Aber, liebe Freunde, wir sind noch lange nicht am Ziel. Wir wollen weitergehen.

Ich möchte noch einmal kurz beschreiben, was sich seit dem Beginn unserer Bewegung alles verändert hat. Die Nazipartei ist aus dem Bundestag geflogen. Und zwar in hohem Bogen! Das war eigentlich am Anfang unser höchstes Ziel. Mit unserer politischen Verantwortung kamen noch viele andere Ziele und Aufgaben auf uns zu, die wir gerne annahmen und annehmen.

Nein, wir haben die Boote, in denen die Ärmsten der Armen saßen, eben nicht von der Kaimauer getreten. Wir haben nach Lösungen gesucht. Wir haben Vorschläge gemacht, wie man diese Menschen bei uns integrieren kann. Wir haben es in den vier Jahren geschafft, dass in jedem Dorf in Deutschland mindestens zehn Häuser für Flüchtlinge zur Verfügung stehen. Auch Sozialarbeiter wurden in jedem Dorf eingestellt, um den Flüchtlingen in den ersten Monaten weiterzuhelfen. Wir haben dafür gesorgt, dass diese Menschen in den ersten Monaten arbeiten dürfen. Leider war das durch die Gesetzeslage vorher nicht möglich. Wir haben dieses Gesetz geändert. Wir haben eben nicht das Asylgesetz dahingehend geändert, dass wir keine Flüchtlinge mehr aufnehmen.

Wir haben eine Willkommenskultur geschaffen, die den Menschen auf beiden Seiten guttut. Ich habe mich mit meinen Kollegen und Kolleginnen in Europa zusammengesetzt, um auch in den anderen Ländern Lösungen zu finden. In Italien und in Spanien haben wir schon an Modellen gearbeitet, die dem deutschen sehr ähneln. Vor zwölf Jahren standen wir vor einem Kollaps. Die Regierungen vor uns haben den großen Fehler gemacht, zu viele fremde Menschen auf einmal in kleinen Dörfern oder in Städten unterzubringen, die unter dieser Last ächzten. Somit hatte die Bevölkerung das Gefühl, dass sich zu viele Flüchtlinge in Deutschland befinden. Das wiederum spielte der Nazipartei in die Hände. Auf einmal waren nicht mehr die Menschen, die zu Tausenden im Mittelmeer ertranken, das Thema, sondern die Parolen, die von der Nazipartei gestreut wurden. Von Überfremdung war die Rede. Völkisches Geschwätz von Faschisten machte die Runde. Die Nazipartei hatte Werte von über 20 Prozent. Ganz Europa rutschte politisch nach rechts. Ohne unsere Bewegung „Eine Erde" in den Himmel zu heben, möchte ich behaupten, dass wir die Welle der Rechtspopulisten in ganz Europa erfolgreich gebrochen haben. Wie ihr alle wisst, habe ich schon länger den Vorsitz dieser Bewegung abgegeben. Aber diese Bewegung ist bis heute eine der erfolgreichsten der Moderne. Wir haben den Nationalisten aufgezeigt, dass wir global denken müssen. Dass wir neue Wege suchen müssen, um als Demokratie zu überleben. Ihr wisst, dass vor Kurzem viele Hunderttausend Menschen aus Kalkutta umgesiedelt werden mussten. Die meisten Wissenschaftler sagten uns voraus, dass es so kommen würde, allerdings erst für das Jahr 2100. Wir schreiben aber das Jahr 2035.

Was ich damit sagen möchte, ist, dass wir uns dem Thema Flüchtlinge mehr denn je annehmen müssen. Keine Grenzschließungen, sondern Willkommenskultur. Seit diese Menschen gleich in den ersten Monaten arbeiten durften, war der soziale Friede weitgehend wiederhergestellt. Der zweite Schlag gegen die Nazis war der Verteilungsschlüssel, den wir, liebe Freunde, eingeführt haben. Wir sind inzwischen so weit, dass wir in jedem Dorf, in jeder Stadt Häuser gebaut haben, um die Flüchtlinge aufzunehmen. Jede Kommune hat inzwischen viele Sozialarbeiter, die nur für die Flüchtlinge da sind, die uns später unterstützen werden. Seit der Gesetzesänderung bezüglich der sofortigen Aufnahme von Arbeit haben wir keine Probleme mehr in Altenheimen. Wir haben keine Probleme mehr in mobiler Altenfürsorge. Wir konnten auch Menschen mit geringerem Bildungsgrad in

Großküchen oder Abfallentsorgungsunternehmen einsetzen. Auch in der Stadtreinigung werden inzwischen viele Flüchtlinge eingesetzt.

Und jetzt stehe ich hier für all die, die unsere Bewegung, die unsere Partei nach vorne gebracht haben." Wieder brandete der Applaus auf.

„Danke, ihr Lieben. Danke. Aber jetzt möchte ich die beiden auf die Bühne bitten, die all das, was wir heute hier sehen, ins Laufen gebracht haben. Ach, wen sehe ich da. Karfu, du kannst gerne auch auf die Bühne kommen."

Karfu war inzwischen von der anderen Wahlkampfveranstaltung gekommen. Dann kamen die drei unter tosendem Applaus auf die Bühne. Ein paar Meter weg vom Rednerpult standen vier Sessel und ein kleiner Tisch, auf dem sich vier Gläser und eine Karaffe befanden. Susi setzte sich und harrte der Dinge, die da kamen. Die drei anderen verbeugten sich und genossen den Applaus. Dann ging Ayram an das Rednerpult. Azul und Karfu setzten sich zu Susi.

„Liebe Freunde. Susi hat schon so vieles gesagt, was mich sehr bewegt hat. Ihr alle kennt meine Geschichte. Als ich im Sturm auf dem Meer schon mit meinem Leben abgeschlossen hatte, dachte ich darüber nach, was ich in meinem Leben wohl noch hätte erreichen können. Heute stehe ich vor euch und freue mich so sehr, dass ich etwas erreicht habe, was ich nie zu träumen gewagt hatte. Die letzten vier Jahre als Migrationsbeauftragte ließen mich erkennen, dass immer noch vieles im Argen liegt. Immer wieder kam mir zu Ohren, dass Rassismus in Deutschland noch ein Thema ist. Wir haben zwar die Nazis aus dem Parlament gescheucht, aber noch immer gibt es Menschen, die an der Hautfarbe festmachen, wie sie das Gegenüber behandeln. Mein Ziel ist es, dieses Thema Rassismus in der Versenkung verschwinden zu lassen."

Riesenapplaus in der Halle.

„Es ist klar zu erkennen, dass es seit dem Ende der Nazipartei besser geworden ist. Auch dank unserer Gründung „Eine Erde" hat sich so Vieles verbessert. Und trotzdem wird es bei einer Regierungsbeteiligung von „Eine Erde" meine Aufgabe sein, dieses Thema ad absurdum zu führen. Vielen Dank."

Ayram ging auf die anderen drei zu und erhielt von ihnen und der johlenden Menge Applaus. Nun stand Azul auf und lief zum Rednerpult.

„Liebe Freunde. Was soll ich noch sagen?"

Tosender Applaus brandete ein weiteres Mal auf.

„Ich habe noch genau vor Augen, wie Michael, der vor Jahren noch an unserer Seite stand, mit uns gekämpft hat."

Es wurde still im Saal.

„Obwohl er eine unrühmliche Vergangenheit in der Frankfurter Naziszene hatte, wurde aus Saulus ein Paulus. Seine Kehrtwende gab uns allen Kraft. Er hatte die Anfänge begleitet. Er war mit uns einer der Protagonisten, die „Eine Erde" zu dem gemacht hat, was sie heute ist. Ich würde hier und jetzt gerne eine Schweigeminute einlegen.“

Alle im Saal standen auf. In dieser Minute hätte man trotz all der vielen Menschen eine Stecknadel fallen hören. Nach der Schweigeminute setzten sich alle wieder auf ihren Platz. Nur ein Mann blieb stehen. Azul schaute etwas irritiert.

„Darf ich etwas sagen?“ fragte der ältere Mann.

Azul schaute zu den anderen Dreien. Inzwischen konnte man ein leises Murmeln wahrnehmen. Karfu stand auf und ging die Treppe hinunter zu ihm. Er wusste sofort, wer dieser Mann war. Mit Tränen in den Augen ging er auf den Mann zu und schloss ihn in die Arme. Wieder war es sehr ruhig im Saal. Man hörte, dass die beiden leise weinten. Auch die anderen drei wussten nun, wer dieser Mann war. Karfu begleitete ihn zur Bühne an das Rednerpult. Nun kamen auch die anderen drei und nahmen den älteren Mann in die Arme.

Karfu gab nun das Rednerpult für ihn frei.

„Hallo. Ich habe noch nie vor so vielen Menschen gesprochen. Doch ich glaube, ich bin das meinem toten Sohn schuldig.“

Er suchte nach einem Augenpaar in der großen Menschenmenge. Seine Frau erwiderte seinen Blick. Auch sie kämpfte mit den Tränen.

„Wir haben unseren Sohn so gut erzogen. So gut wir es eben konnten. Ich muss ehrlich sein. Ich hatte nicht unbedingt eine gute Erziehung. Mein Vater hatte oft über Ausländer geschimpft und mich selbst auch zu einem Menschen gemacht, der nicht gut über sie dachte und sprach. Das gab ich meinem Sohn mit und das brachte ihn wohl auch dazu, zu diesen Nazis zu gehen. Du, Ayram, hast ihn zu einem anderen Menschen gemacht. Er war nach deiner Ansprache bei der Polizei wie ausgewechselt. Ganz anders als zuvor. Als er sich dann mit euch traf, wurde er buchstäblich zu einem anderen, zu einem guten Menschen." Er schaute zu den Vieren hinüber.

„Auf einmal erzählte er daheim von Menschen, die in Burundi kein Wasser mehr hätten, weil wir so viel Auto fahren. Solche Töne hörten wir vorher nie von ihm. Als er dann bei diesem Speer angekündigt wurde, war alles ganz anders als zuvor. Michael hatte Angst. Die Nazis klopften an der Tür. Michael sagte aber, dass wir sie nicht reinlassen sollen. Zwei Tage später klopften sie nicht mehr. Es flogen Steine durch das Fenster. Die Steine waren eingepackt in Papier. Auf dem Papier stand ‚Tod dem Verräter'."

Michaels Vater machte eine Pause. Niemand sagte etwas.

„Es war die Hölle. Euch da drüben haben wir es heute zu verdanken, dass dieser Horror weitgehend ein Ende genommen hat. Ich, wir möchten uns trotz des Todes unseres Sohnes dafür bedanken, dass ihr dort nicht aufgegeben habt. Unsere Stimme habt ihr. Vielen Dank."

Nach der Rede war mehrere Sekunden gar nichts zu hören. Es herrschte totale Stille im Saal. Dann stand jeder auf, der zwei Hände zum Klatschen hatte. Karfu stand auf und brachte Michaels Vater wieder an seinen Platz. Noch immer wollten sich die Menschen nicht setzen. Als Karfu dann wieder nach oben ging, blieb er am Rednerpult stehen und applaudierte mit den Menschen. Dann ging er noch einmal an das Rednerpult.

„Diesen Augenblick werde ich wohl nie vergessen. Wir haben diese Wandlung von Michael auch eins zu eins mitbekommen. Es war wie ein Wunder. Wie schön wäre es gewesen, wenn er diese Entwicklung von „Eine Erde" mitbekommen hätte. Aber wisst ihr ... vielleicht ist er jetzt unter uns. Vielleicht sieht und hört er uns. Michael, danke für die Zeit, die wir mit dir haben durften. Wie ihr ja alle mitbekommen habt, wurde diese Veranstaltung medial aufgenommen. Es war zwar eine sehr ungewöhnliche Wahlkampfveranstaltung, aber ich glaube, dass die Fernsehzuschauer auch so berührt waren wie wir. Vielen Dank für euer Kommen. Ach so, das Wichtigste hätte ich fast vergessen. Dort drüben sitzt die zukünftige Kanzlerin. Aber nur, wenn ihr unserer Susi eure Stimme geben wollt."

Ein letzter Applaus brandete auf. Dann aber war nach zehn Minuten der Saal leer. Die vier saßen noch eine Weile schweigend zusammen und beobachteten die Männer, die die Halle für die nächste Veranstaltung vorbereiteten. Dann verließen auch sie den Veranstaltungsraum.

Der große Sieg

Der Wahlabend kam immer näher. Jeder der Vier war bis ganz zum Schluss im Tunnel. Es gab fast keine Zeit, um zu verschnaufen. Heute Abend war es nun soweit. Die vier verabredeten sich in einer Halle in Frankfurt, in der sich auch die Akteure der ersten Stunde befanden. Dort wurden die ersten Entscheidungen getroffen, die ersten Aktionen von „Eine Erde" geplant. Jetzt war man zu einer der stärksten Parteien Deutschlands gereift und konnte nach der Macht greifen. Diesmal wollten sie aber keine Stühle, die brav nebeneinanderstehen. Diesmal sollten es kleine Stehtische sein, die im Jubel nicht mehr zu sehen waren. Sie wollten im Falle eines Wahlsieges tanzen. Sie wollten ihre Freude laut herausschreien. Sie wollten allen zeigen, dass Politik auch ohne rechte Parolen funktioniert.

Als sie mit ihren Staatskarossen vorfuhren, war die Erwartung der Anwesenden groß. Die Presse wartete natürlich auch schon. Und alle, die sich in diesem Wahlkampf aufgerieben hatten, standen im Spalier vor der Halle. Überall waren Menschen, die diese neue Art von Politik feierten. Die, die Empathie in den Mittelpunkt ihres Handelns stellten. Die, die ihre Authentizität in jeder ihrer Reden zeigten. Jetzt waren sie kurz vor dem Ziel. Als sie in die große Halle schritten, brandete ein Applaus auf, wie sie ihn zuvor noch nie erlebt hatten. Es war einfach nur fantastisch.

Auf der Bühne war ein riesiger Monitor aufgestellt, der in zehn Minuten hoffentlich die richtigen Zahlen anzeigte. Auch ein Redepult war auf dieser großen Bühne aufgebaut. Susi ging auf die Bühne und stellte sich hinter das Pult.

„Susi, Susi…" brandete es auf.

„Noch haben wir es nicht geschafft, ihr Lieben. Noch müssen wir warten, ob die Deutschen uns an der Regierung haben möchten. Aber wir haben alle alles gegeben. Wir können uns nicht vorwerfen, etwas nicht mit ganzem Herzen angefasst zu haben." Der Monitor wurde hell. Es wurde still in dieser riesigen Halle. Gleich war es soweit. Die Balken der einzelnen Parteien bauten sich auf. Dann gab es kein Halten mehr. Die Menschen schrien vor Freude, und Susi stand neben dem Rednerpult. Sie spürte nicht, dass ihr der Mund offen stand.

In der Halle tanzten die Menschen.

Ayram, Azul und Karfu rannten auf die Bühne und konnten es – wie die meisten im Saal – nicht fassen, was auf diesem Monitor über dem Balken „Eine Erde" stand …

51 Prozent!

Absolute Mehrheit.

Viele Tage später

Da eine neu gewählte Regierung immer Zeit brauchte, um sich einzuspielen, konnte sich Susi beim Zusammenstellen ihres Kabinetts Ruhe gönnen.

Für das Amt der Außenministerin hatte sie Ayram vorgesehen, die ihr Studium der Politikwissenschaften bereits vor Jahren mit Auszeichnung abgeschlossen hatte. Azul sollte Ayrams bisherige Position als Migrationsbeauftragte übernehmen. In diesem wichtigen Bereich plante Susi, ein eigenständiges Ministerium für Migration zu schaffen – das erste seiner Art in der Bundesrepublik. Um den jungen Azul bei dieser neuen Aufgabe zu unterstützen, wollte Susi ihm einen erfahrenen Kollegen zur Seite stellen.

Karfu, der für „Eine Erde" schon viel erreicht hatte, würde das Ministerium gemeinsam mit Azul aufbauen. Durch die langjährige, erfolgreiche Arbeit der Partei war es leicht, die besten Leute für das Kabinett zu gewinnen. Zum ersten Mal in der Geschichte Deutschlands sollte das Kabinett überwiegend aus Frauen bestehen.

Nach wenigen Wochen war es dann so weit: Die Bundeskanzlerin stellte der Weltpresse ihre Ministerinnen und Minister vor. Allein schon die hohe Zahl an Frauen in Führungspositionen machte weltweit Schlagzeilen und signalisierte eine neue politische Ära. Susi stellte jeden einzelnen vor und betonte die besonderen Fähigkeiten und bisherigen Erfolge, die diese Frauen und Männer in der Bewegung „Eine Erde" erreicht hatten.

Abschließend wies die neue Bundeskanzlerin darauf hin, dass viel Arbeit auf die neue Regierung zukäme und dass die Welt mit großem Interesse auf diese vielversprechende Regierung blicken würde.

Kurz darauf folgte die Vereidigung beim Bundespräsidenten, und die Arbeit für das neue Kabinett konnte beginnen.

Lob vom Bundespräsidenten

Vor dem offiziellen Amtsantritt lud der Bundespräsident Susi und ihr Kabinett ein, um gemeinsam Rückschau zu halten und die neue Regierung einzuleiten.

Als das neue Kabinett in die prachtvollen Räume von Schloss Bellevue eintrat, war eine feierliche Kaffeetafel bereits vorbereitet. Nach dem Platznehmen erhob sich der Bundespräsident und sprach zur Runde:

„Sehr geehrte Bundeskanzlerin, sehr geehrte Damen und Herren des Kabinetts, im Namen des Bundespräsidialamtes begrüße ich Sie herzlich als unsere Ehrengäste. Genießen Sie die Kaffeetafel, und anschließend begeben wir uns in den angrenzenden Raum für einen konstruktiven Austausch über die Vergangenheit und Zukunft von 'Eine Erde' und der Bundesrepublik. Ich wünsche guten Appetit."

Ein warmer Applaus folgte, und nach dem Kaffeetrinken wechselten die Anwesenden in einen prunkvollen Saal. Medienvertreter aus aller Welt hatten sich dort bereits versammelt, da die Veranstaltung ungewöhnlicherweise für die Presse geöffnet war. Der Bundespräsident deutete auf das Rednerpult und forderte Susi mit einem Lächeln auf, ihre Rede zu beginnen.

„Sehr geehrte Damen und Herren, sehr geehrter Herr Bundespräsident, Sie baten mich, einen Rückblick auf unsere Partei 'Eine Erde' zu geben. Doch dazu gehört, dass ich auch die Anfänge unserer Bewegung schildere, die bis heute weltweit eine positive Veränderung im Umgang mit Migration bewirkt hat. In den frühen Jahren unserer Arbeit lag der Stimmenanteil rechtspopulistischer Parteien in Deutschland noch bei über 20 Prozent. Heute scheint das unvorstellbar. Flüchtlingsboote wurden von den EU-Ländern als Bedrohung wahrgenommen und teilweise gewaltsam abgewehrt. In ganz Europa schienen die Rechten an Boden zu gewinnen.

Durch das Engagement zweier bemerkenswerter Menschen – unserer jetzigen Außenministerin Ayram und unseres Migrationsministers Azul, die ursprünglich aus Burundi stammen und nun deutsche Staatsbürger sind – erkannten Karfu und ich, wie dringend sich etwas ändern musste. Die Geschichte der beiden kennen viele von Ihnen: Sie kamen nach Deutschland, trafen zunächst auf Feindseligkeit und Vorurteile und sind heute zentrale Säulen unseres Kabinetts und unserer Bewegung. Auch damals war die Willkommenskultur alles andere als selbstverständlich. Untergebracht in Turnhallen, teils geduldet, teils abgelehnt, war die Lage vieler Flüchtlinge verzweifelt. Selbst in Europa waren Flüchtlingslager an den Grenzen im Gespräch. Unsere Bewegung konnte diese unmenschlichen Pläne verhindern.

Heute sind Geflüchtete hier und in anderen Teilen Europas willkommen. Wir haben daran gearbeitet, dass Zuwandernde nicht als Bedrohung, sondern als Mitgestaltende unseres Wohlstands gesehen werden. Durch den Aufbau sozialer und rechtlicher Infrastrukturen schufen wir eine Kultur der Integration. Jede Gemeinde beschäftigt Sozialarbeiter, die den Ankommenden den Start erleichtern. Die Regeln wurden angepasst, sodass Geflüchtete bereits kurz nach der Ankunft beruflich tätig werden können – eine enorme Bereicherung für unser wirtschaftliches und kulturelles Leben.

Wir schufen Möglichkeiten für psychologische Unterstützung und halfen den Menschen, sich von den Erlebnissen in Kriegs- und Krisengebieten zu erholen. Durch das Feiern gemeinsamer Feste lernten wir voneinander und entdeckten unsere Gemeinsamkeiten. So erhielten die Menschen ihre Würde zurück, und wir selbst erkannten Multi-Kulti als Zukunft. Unsere Bewegung hat es geschafft, die Gesellschaft zu versöhnen und Nationalismus als vergangenes, überwundenes Kapitel darzustellen.

Nicht nur hier, auch in den USA haben wir durch 'Eine Erde' Veränderung bewirkt. Unsere Werte trugen dazu bei, dass ein gewaltverherrlichender Ex-Präsident, der unter anderem Mauern bauen ließ, um Menschen fernzuhalten, keine zweite Amtszeit erhielt. Wir sind stolz, dass sich durch 'Eine Erde' demokratische Prinzipien und Mitmenschlichkeit durchsetzen.

In Zukunft möchten wir weitere Projekte angehen, um die Verständigung und Zusammenarbeit weltweit zu fördern. So planen wir internationale Musikfestivals, die uns als Weltgemeinschaft näherbringen. Wasserknappheit ist ein weiteres wichtiges Thema: Wir streben den Bau von Wasserpipelines und Entsalzungsanlagen an, um weltweit

Wasser dorthin zu bringen, wo es dringend benötigt wird. Für diese Ziele setzen wir uns mit voller Kraft ein.

Darüber hinaus fördern wir religiöse Toleranz, damit unsere neuen Mitbürger ihre Religion frei ausüben können. Einst wurde behauptet, der Islam passe nicht zu unserer Kultur. Heute stehen verschiedene Glaubensgemeinschaften friedlich nebeneinander. Auch legale Wege der Migration wurden geschaffen, sodass niemand sein Leben in Gefahr bringen muss, um ein neues Zuhause zu finden.

Ich danke Ihnen für Ihre Aufmerksamkeit und freue mich darauf, gemeinsam mit Ihnen und allen Bürgerinnen und Bürgern die Zukunft zu gestalten."

Ein warmherziger Applaus folgte Susis Rede. Nach den Fragen der Presse fand sich die gesamte Runde an einem großen Esstisch ein. Ayram, die neben Susi saß, wandte sich an sie:

„Susi, das war eine wirklich beeindruckende Rede. Jetzt geht es endlich los. In wenigen Monaten steht mein erster Staatsbesuch in Afrika an, und ich würde mich sehr freuen, wenn du einen Termin mit führenden Staatsleuten arrangieren könntest. Natürlich möchte ich auch bei meinen Eltern vorbeischauen."

„Das klingt nach einem Plan, Ayram. Ich werde morgen prüfen, welche Termine möglich sind."

Ayram lächelte. „Ich muss mich oft zwicken, um zu glauben, was aus uns geworden ist."

Susi nickte und erwiderte: „Ich auch. Wir werden zeigen, dass Mitgefühl und Miteinander stärker sind als Hass und Trennung. Ohne dich wären wir heute nicht hier, Ayram. Dein mutiger Auftritt damals auf der Polizeistation, die Kolumne – das war der Anfang. Und nun beginnt eine neue Ära.“

Die beiden Freundinnen lächelten sich an und genossen die friedliche und freudige Stimmung des Augenblicks.

5 Monate später

In einer wunderschönen Atmosphäre voller Wiedersehensfreude und Erwartungen landete das Flugzeug von Susi, Karfu, Ayram und Azul am frühen Morgen in Bujumbura, der Hauptstadt von Burundi. Die Stimmung im Flugzeug war bewegend, als die beiden, die als Kinder geflüchtet waren, nun als Minister und Teil der deutschen Regierungsdelegation zurückkehrten – ein Heimkommen unter völlig neuen Vorzeichen.

Als die Maschine auf der Landebahn aufsetzte, war die Anspannung greifbar. Azul und Ayram drückten sich gegenseitig die Hände, und Karfu legte beruhigend seine Hand auf Ayrams Schulter, während Susi die Gruppe anführte.

Am Flugzeugausgang wartete bereits eine burundische Delegation auf die vier. Im Austausch mit der Delegation sprach Susi davon, wie wichtig die geplanten Wasserpipelines für die ländlichen Gebiete Burundis und anderer von Wassermangel betroffener Regionen seien. Mit den Initiativen wollte die deutsche Regierung zeigen, dass sie sowohl finanziell als auch technisch bereit war, dringend notwendige Projekte in Burundi zu fördern.

Nach dem formellen Empfang begaben sich die vier gemeinsam mit ihren burundischen Gastgebern zu einem Regierungsgebäude in der Nähe, um an einem ersten

Austausch teilzunehmen. Ein Teil der deutschen Delegation fuhr zum Hotel vor, wo die Kinder von Azul und Ayram bereits auf sie warteten. Die Kinder hatten diese Reise als ein großes Abenteuer erlebt, freuten sich aber genauso darauf, ihre Großeltern kennenzulernen und das Land ihrer Eltern zum ersten Mal zu sehen.

Als die Gruppe das Hotel betrat, wartete bereits die Tagesmutter mit den Kindern in der Lobby, die bei Sicht der Eltern und Großeltern auf sie zuliefen. Der Wiedersehensmoment war überwältigend: die Kinder sprangen ihren Eltern in die Arme, die mit strahlenden Gesichtern und Tränen in den Augen ihre kleinen Abenteurer umarmten.

Susi und Karfu standen etwas abseits und ließen den beiden Familien die ersehnte Zeit für sich. Auch Susi und Karfu konnten nicht anders, als sich gegenseitig die Hand zu drücken, während sie das Wiedersehen still mitgenossen.

Nach den ersten emotionalen Augenblicken verabschiedeten sich Susi und Karfu vorübergehend von Ayram und Azul, damit die beiden mit ihren Kindern und Familien die Heimreise ins Dorf antreten konnten. Währenddessen begaben sich die beiden auf den Weg zu einem Termin mit der burundischen Regierung, um die gemeinsame Kooperation und Projektplanung weiter voranzutreiben.

Ayram und Azul traten schließlich in Begleitung ihrer Familien den Weg in ihr Heimatdorf an, wo eine weitere Feierlichkeit wartete – die Dorfbewohner hatten von der

Ankunft der beiden ehemaligen Dorfbewohner und ihrer hohen Ämter erfahren und bereiteten einen herzlichen Empfang.

Wiedersehensfest

Am nächsten Morgen saßen die vier mit den beiden Kleinen am Frühstückstisch. „Heute sehen wir Oma und Opa." sagte Ayram.

Die beiden Mädels waren aber viel mehr damit beschäftigt, ihre Banane zu essen und sich dabei nicht zu verschlucken.

Die Mietwagen standen schon bereit. Niemand hier kannte die deutsche Regierungsspitze. Deshalb hatten sich die vier dazu entschlossen, mit einem gemieteten Fahrzeug die Strecke hinter sich zu bringen. Natürlich waren die Bodyguards dabei. Da es im Moment in Burundi, was die politischen Verhältnisse anbelangt, relativ ruhig war, wählten sie diese Transportmöglichkeit. Es waren zwei große Geländewagen, die sie zum Dorf bringen sollten. Außerdem war noch ein Ortsansässiger im Wagen, der sich genau auskannte. Sie wollten auf keinen Fall auffallen, um nicht nach einem halben Jahr Regierungstätigkeit negative Presse zu bekommen. Deshalb sollte dieser Besuch zu den Eltern von Ayram, Azul und Karfu so unauffällig wie nur möglich durchgeführt werden. Der Einheimische schätzte zwei Stunden Fahrt bis zu dem Ort, in dem die Eltern wohnten. Aber natürlich konnte man die Straßen in Burundi nicht mit denen von Deutschland vergleichen. Die Fahrer der beiden Wagen waren die Hälfte der Fahrzeit damit beschäftigt, den größten Schlaglöchern auszuweichen. Ayram und Azul waren schon zu Beginn der Fahrt sehr aufgeregt.

„Azul, wir sehen gleich unsere Familie. Wie viele Jahre ist es her, dass wir hier waren. Auf dem Dach eines Busses saßen wir und hatten Angst vor der Zukunft. Nun haben wir die Zukunft dieses Landes mitgestaltet. Wie fühlt sich das an für dich? Für mich ist das alles fast schon surreal." „Das ist es auch. In weniger als einer Stunde stehen wir auf dem Dorfplatz, der unser Leben prägte. Dort wurde unser Leben verplant. Und jetzt ist das alles ganz anders gekommen. Das Wort surreal passt schon, Ayram." Dann schauten sie gedankenversunken aus dem Fenster, während die Kleinen schliefen.

„Wie fühlst du dich, mein Schatz?" fragte Susi.

„Ich habe dieses Land seit zig Jahren nicht mehr gesehen. Es fühlt sich alles sehr fremd an. Es hat sich in diesen Jahrzehnten Grundlegendes getan. Ehrlich gesagt, weiß ich nicht recht, was ich fühlen soll. Meine Heimat ist Deutschland. Dieses Gefühl kann ich spüren. Ich freue mich natürlich auf meine Eltern, auf meine Geschwister. Aber sie werden mir fremd sein." „Ganz sicher werden sie dir fremd sein. Aber hier sind deine Wurzeln. Hier fing dein Leben an. Deshalb war es die richtige Entscheidung, dass du mitgekommen bist."

Kleine Dörfer zogen vorbei. Die Hütten waren klein und eng. Die meisten Familien saßen vor ihren kleinen Behausungen, die meistens nur aus einem Raum bestanden. Die kleinen Kinder waren über und über mit Staub bedeckt. Als sie die beiden großen dunklen Gefährte sahen, standen sie jedes Mal auf und versuchten, sie zu überholen, was ihnen natürlich nicht gelang. Die kleinen Feuerstellen, auf denen die Frauen kochten, waren schon von Weitem zu sehen. Vor jedem Haus war solch eine Kochgelegenheit. Die Einwohner der verschiedenen Dörfer schien es nicht zu stören, dass die Autos der kleinen deutschen Gruppe unglaublich viel Staub aufwirbelten.

„Wir sind bald da. Noch ein paar Minuten müssen Sie ausharren."

Schon drei Dörfer vor dem von Ayram, Azul und Karfu stellte sich Feierstimmung ein. Die Menschen säumten die Straßen mit ihren bunten Gewändern und tanzten die Freudentänze ihrer Urahnen.

„Sie wissen alle Bescheid. Azul, sie wissen alle, dass wir kommen", sagte Ayram mit Tränen in den Augen. Auch Azul kämpfte mit den Tränen.

„Ja, viele von den Alten waren bei unserer Verabschiedung dabei und können sich noch erinnern. Unser Dorf wird ein einziger Festplatz sein. Sie feiern uns und unseren Erfolg. Was für ein Wahnsinn, dass wir das jetzt erleben dürfen."

Inzwischen waren die beiden Kleinen wach und schauten aus dem Fenster. Sie zeigten mit ihren kleinen Fingerchen auf die tanzenden Menschen. Dann sahen sie ihr Dorf. Die Dörfer von Ayram und Azul waren inzwischen zusammengewachsen. Die Fahrer der beiden Wagen machten vor dem großen Dorfplatz halt, der vor Menschen kaum zu sehen war. Sehr viele hatten eine bunte Trommel dabei und schlugen den Takt, den sie von ihren Vorfahren gelernt haben. Ihre Gesichter waren bemalt wie auch ihre gesamten Körper. Die meisten hatten einen bunten Kopfschmuck, den man nur in afrikanischen Ländern sieht.

Dann versuchten alle auszusteigen. Das aber gestaltete sich gar nicht so einfach. Jeder wollte die Neuankömmlinge berühren. Sie wurden mit einer Freundlichkeit begrüßt, die sie so noch niemals in ihrem Leben erlebt hatten. Ayram schaute sich nach ihrer Familie um. Azul tat dasselbe. Dann passierte etwas, was sich Europäer nicht vorstellen können. Die Menschen bildeten eine Gasse zur Mitte des Dorfplatzes. Dabei hörten sie nicht auf zu singen und zu tanzen. Am Ende der kleinen Menschenstraße konnten die vier ihre Familie sehen. Dann hob einer der Dorfältesten seinen Arm in die Höhe. Sofort standen alle still, und die Trommeln verstummten. Ayram und Azul begannen mit ihren Kindern auf ihre Familie zuzugehen.

„Azuuul", schrie seine Mama. „Oh, Azul." Dann rannte sie auf ihren Sohn zu. Auch Azul fing an, schneller zu laufen. Er wusste, dass es sich nicht unbedingt gehört, als Mann in diesem Dorf zu weinen. Aber jetzt fiel alles ab, was sich über die Jahre angestaut hatte. Ja, sie hatten sich geschrieben. Ja, sie wussten, was sich im Leben des jeweils anderen getan hatte. Aber diese Begegnung war einfach nur wunderbar. Auch Karfu war unterwegs zu seiner Familie. Er war ein wenig zurückhaltend. Sein Vater sah das und ging auf ihn zu. Dann umarmten sich die beiden und ließen zu, dass die Tränen flossen. Nach und nach begrüßten sich alle, während der Tanz, die Trommeln und der Gesang wieder aufbrandeten.

Dann zogen sich die Familien zurück in ihre Hütten, wo sie unendlich viel zu besprechen hatten.

Somit gingen auch alle Menschen, die für diesen wunderbaren Rahmen gesorgt hatten, nach Hause.

Abends dann wurden auf dem Dorfplatz Fleischspieße auf dem offenen Feuer gebraten.

„Was ist das denn für ein Fleisch?" fragte Karfu seinen Vater.

„Mein Sohn, das nennt sich Brochette und wird aus Ziegenfleisch hergestellt."

Vater und Sohn saßen beisammen und sprachen über den Werdegang von Karfu. Gegenüber saß Ayram mit ihrer Mutter zusammen, die gar nicht fassen konnte, dass sie mit der Bundesaußenministerin sprach. Der Dorfplatz füllte sich wieder und der Rummel begann von vorne.

Als das Fleisch fast fertig war, hob der Älteste wieder die Hand. Er stand hinter einem riesigen auf dem Boden liegenden Baumstamm, der als Rednerpult diente. Dann war es ruhig.

„Wir haben Gäste. Es sind ganz besondere Gäste. Wir alle können uns daran erinnern, als wir sie verabschiedeten. Wir alle waren traurig. Ayram, du hast deine Tochter auf der Überfahrt verloren. Das machte uns alle traurig. Aber du hast jetzt mit Azul zwei wunderbare Kinder. Das wiederum hat uns alle erfreut. Ihr seid in ein fremdes Land gegangen und habt für uns gekämpft. Für unser Dorf, für unser Land.

Eurer Bewegung haben wir es zu verdanken, dass eine Wasserpipeline fünf Kilometer von hier endet und uns mit diesem kostbaren, lebensnotwendigen Nass versorgt. Wir haben wieder die Möglichkeit, unsere Felder zu bewirtschaften und unsere Lebensmittel selbst herzustellen. Danke dafür."

Die Trommeln wurden kurz laut, um den Heimkehrern Dank auszudrücken.

„Ihr habt uns stolz gemacht. Unsere Entscheidung, euch gehen zu lassen, war richtig. Nun lasst uns essen. Die Brochette sollte bereit sein."

Nun machten sie sich alle auf den Weg zur großen Feuerstelle, wo die Brochette brutzelte. Da es schon dämmerte, wurden einige große Lagerfeuer, die schon vorbereitet waren, angezündet. Jeder nahm sich ein Stück Fleisch und suchte sich seinen Platz. Besteck und Teller waren hier nicht notwendig. Man saß zusammen und sprach über die Gäste, die sich sichtlich wohlfühlten.

„Welch ein wunderbares Fest." Susi war so glücklich wie selten in ihrem Leben.

„Warum sind diese Menschen so glücklich, obwohl sie so wenig haben? Warum meinen wir in unserem Kulturkreis, dass wir zum Glücklichsein so unendlich viel Konsum brauchen? Dabei brauchen wir eigentlich so wenig, um zufrieden zu leben. Wie geht es dir denn? Nach so langer Zeit konntest du deine Familie wiedersehen."

Karfu schaute nachdenklich zu den Sternen, die hier in viel

größerer Zahl zu sehen sind als in Europa.

„Es war wunderschön. Aber ich bin auch froh, in wenigen Tagen wieder in unserem Bett zu schlafen."

„Ich auch, mein Schatz. Aber glaube mir, von diesem Tag werden wir noch unseren Urenkeln erzählen. Hier bin ich keine Bundeskanzlerin. Hier bin ich einfach nur ein Mensch von vielen. Dieses Fest, diese Menschen, sollten uns demütig machen. Für ihr Dasein, für ihren Schutz und für ihre Kultur haben wir gekämpft und werden weiterhin kämpfen. Wir haben ihnen ihre Würde zurückgegeben. Das ist geradezu wunderbar. All diese Stunden und Tage, all diese Monate und Jahre haben sich gelohnt, mein Schatz. 'Eine Erde' hat eine neue Basis geschaffen. Eine neue Basis dahingehend, dass wir die Nazis gebrochen haben und dadurch diesen wunderbaren Menschen eine neue Chance gaben zu leben. Wir haben ihnen wieder das Handwerkszeug und die Ressourcen gegeben, einen Garten zu bewirtschaften. Wir haben ihnen Möglichkeiten geschaffen, würdevoll zu leben. Da können wir wirklich stolz sein, mein Liebling."

Karfu schaute seine Lebensgefährtin an und war sehr stolz.

„Komm, lass uns zu unseren Lieben gehen."